CONCURSO PÚBLICO

EU PASSEI!

Memórias e dicas de um concursando que não desistiu

O GEN | Grupo Editorial Nacional reúne as editoras Guanabara Koogan, Santos, Roca, AC Farmacêutica, Forense, Método, LTC, E.P.U. e Forense Universitária, que publicam nas áreas científica, técnica e profissional.

Essas empresas, respeitadas no mercado editorial, construíram catálogos inigualáveis, com obras que têm sido decisivas na formação acadêmica e no aperfeiçoamento de várias gerações de profissionais e de estudantes de Administração, Direito, Enfermagem, Engenharia, Fisioterapia, Medicina, Odontologia, Educação Física e muitas outras ciências, tendo se tornado sinônimo de seriedade e respeito.

Nossa missão é prover o melhor conteúdo científico e distribuí-lo de maneira flexível e conveniente, a preços justos, gerando benefícios e servindo a autores, docentes, livreiros, funcionários, colaboradores e acionistas.

Nosso comportamento ético incondicional e nossa responsabilidade social e ambiental são reforçados pela natureza educacional de nossa atividade, sem comprometer o crescimento contínuo e a rentabilidade do grupo.

Leandro Cadenas Prado

CONCURSO PÚBLICO

EU PASSEI!

Memórias e dicas de um concursando que não desistiu

2.ª edição

gen | EDITORA MÉTODO | Vicente & Marcelo

SÃO PAULO

EDITORA MÉTODO LTDA.
Uma editora integrante do GEN | Grupo Editorial Nacional
Rua Dona Brígida, 701, Vila Mariana – 04111-081 – São Paulo – SP
Tel.: (11) 5080-0770 / (21) 3543-0770 – Fax: (11) 5080-0714
metodo@grupogen.com.br | www.editorametodo.com.br

- Capa: Danilo Oliveira

- CIP – Brasil. Catalogação-na-fonte.
  Sindicato Nacional dos Editores de Livros, RJ.

Prado, Leandro Cadenas

Concurso público – eu passei!: memórias e dicas de um concursando que não desistiu / Leandro Cadenas Prado. – 2. ed. – Rio de Janeiro: Forense; São Paulo: MÉTODO: 2014.

ISBN 978-85-309-5823-7

1. Método de estudo. 2. Concursos. 3. Exames - Manuais, guias, etc. I. Título. II. Série.

11-4431.

CDD: 371.3028
CDU: 37.041

*"A corrida, não a ganham os mais rápidos,
nem a batalha os mais valentes, nem o pão
os mais sábios, nem a riqueza os mais hábeis, nem
a estima os mais entendidos, porque para tudo há o
concurso do tempo e do acaso." – Eclesiastes 9/11.*

LEANDRO CADENAS PRADO

- Juiz Federal Substituto.
- Aprovado em 1.º lugar, exerce suas atribuições na 5.ª Vara Federal de Foz do Iguaçu/PR (criminal).
- Aprovado também em diversos outros concursos, como Juiz de Direito (1.º lugar), Auditor-Fiscal da Receita Federal (2.º lugar) e Defensor Público Federal.
- Instrutor da Escola de Administração Fazendária do Ministério da Fazenda (ESAF/MF) e professor de Direito Constitucional, Administrativo e Penal, ministrando aulas em cursos preparatórios para concursos públicos em diversos estados do país, como SP, RJ, PR, MS, PE, RS, CE, RN, PI, AM e PA.
- Autor, entre outros, dos seguintes livros: *Servidores Públicos Federais* - Lei n.º 8.112/90, 10.ª edição, *Licitações e Contratos* - Lei n.º 8.666/93, 4.ª edição, *Resumo de Direito Penal* - Parte Geral, 4.ª edição, e *Provas Ilícitas*, 2.ª edição, todos pela Editora Impetus. É coautor do livro *Ética na Administração Pública*, 4.ª edição, pela

Editora Campus/Impetus, e *1001 Questões Comentadas de Direito Administrativo do CESPE*, 5.ª edição, pela Editora Método. É, ainda, autor dos *Resumos de Direito Constitucional*, 10.ª edição, *Direito Administrativo*, 7.ª edição, *Direito Penal*, 4.ª edição, *Direito Tributário*, 4.ª edição, *STF para Concursos*, 5.ª edição, *Direito Penal* – CESPE – Série Questões Comentadas e *Direito Penal para concursos* – Parte Geral, 5.ª edição, todos pela Editora Método.

AGRADECIMENTOS

A Deus, hoje e sempre!

Ao meu amado filho, Lúcio, que acaba de nascer, luz que ilumina nossas vidas!

À minha mãe que, com seu carinho e sua preocupação sem limites, me proporcionou a tranquilidade necessária para que eu pudesse fazer o que era fundamental nessa fase da minha vida: estudar!

Aos padrinhos Marcelo Alexandrino e Vicente Paulo, pelas incontáveis lições, inclusive e especialmente aquelas que não aprendemos nos livros!

A todos os companheiros de batalha, que Deus lhes dê, não caminhos fáceis, mas sim forças para avançar nos caminhos difíceis que certamente terão pela frente!

Aos mestres que me ensinaram a engatinhar, depois a andar, depois a correr: me mantenham sempre em marcha!

PALAVRAS DO AUTOR

Este livro foi escrito com dois objetivos principais:

O primeiro é contar um pouco da minha história, memórias de um "concursando" que não desistiu!

Em segundo lugar, trazer algumas experiências práticas que podem ser úteis na sua caminhada. Como você verá, não tem a pretensão de ser a solução de todos os problemas de quem se propõe a passar em um concurso público. Apenas quero ressaltar alguns pontos e propor caminhos, para que você, adequando minhas dicas à sua realidade, possa bem conduzir seus estudos.

Aproveite a leitura e não deixe de me escrever sempre que julgar oportuno. Terei o maior prazer em lhe responder.

Sucesso sempre!!

Leandro Cadenas Prado

leandro@cadenas.com.br

APRESENTAÇÃO

Tivemos a sorte de conhecer Leandro Cadenas em Brasília, durante o curso de formação do concurso para Auditor-Fiscal da Receita Federal de 2001, no qual atuamos como instrutores (professores), a convite da Escola de Administração Fazendária (ESAF). Embora, no curso, nosso convívio tenha sido de apenas três ou quatro dias, uma empatia quase imediata levou-nos, naturalmente, a manter, desde então, um regular contato.

Essa empatia, na verdade, nada teve de aleatória. Com efeito, antes de sua aprovação na primeira fase do concurso da Receita Federal, Leandro Cadenas já era servidor público na Justiça Federal e, principalmente, já atuava como professor de direito constitucional em cursinhos preparatórios para concursos públicos. Como se vê, tínhamos em comum, pelo menos, a opção pela carreira pública e a paixão pelo magistério.

Em pouco tempo, o Prof. Leandro, então nosso colega na Receita Federal, tornou-se nosso parceiro em outro empreendimento, que consideramos um dos mais gratificantes de quantos conhecemos: a autoria de livros especificamente voltados ao estudo para concursos públicos. Há anos, nós e o Prof. Leandro trabalhamos juntos em projetos editoriais, atividade à qual, hoje, atribuímos muita importância.

Pois bem, mesmo com todas essas atividades, e já tendo alcançado indiscutível sucesso em sua vida profissional, nosso amigo Leandro, dando vazão ao seu "sangue de concurseiro", decidiu intentar mais um (grande) passo em sua trajetória, certamente um dos que mais lhe exigiram esforço e dedicação.

Assim que terminou a faculdade de direito – iniciada depois de sua posse como Auditor da Receita Federal –, nosso (hoje) ex-colega decidiu, terminantemente, que perseguiria seu antigo sonho: ser magistrado federal. Todos nós sabíamos o preço que essa decisão cobraria, capaz de "desanimar" a maioria das pessoas na situação do Leandro: já titular de um excelente cargo público, professor consagrado e autor de sucesso. Não obstante, nosso amigo pediu licença sem remuneração na Receita Federal, reduziu drasticamente sua atividade no magistério e "mergulhou de cabeça" em sua nova meta. Nós fomos testemunhas constantes dos sacrifícios que essa decisão implicou. São realmente impressionantes e estão relatados de forma inteiramente honesta e sincera na obra que ora vem a público.

Finalmente, depois de dois anos de estudo sério, o Prof. Leandro logrou aprovação no difícil concurso para a magistratura federal no Tribunal Regional Federal da 4.ª Região. Mal tomou posse, nosso inquieto amigo finalizou mais um de seus projetos, de certa forma diferente de todos os que até agora empreendeu: trouxe à luz o presente livro, cujo escopo é, simplesmente – sem pretensões a apresentar "fórmulas mágicas" ou revelar "verdades absolutas" – auxiliar aqueles que têm o sonho de ingressar na carreira pública (ou nela progredir) a encontrarem um norte, além de uma fonte de motivação.

Dessa forma, o livro não se resume a um relato pessoal da trajetória do autor. Está presente, deveras, esse relato, e ele muito pode ajudar na importante tarefa de desmitificar a figura do aprovado em concurso, isto é, de mostrar, com toda a sinceridade, que a aprovação não é reservada a "eleitos", portadores de algum "dom inato" e inatingível, não importa o esforço e a dedicação. Essa desmitificação, não há dúvida, será, para muitos, relevante elemento motivador.

O principal conteúdo do livro, entretanto, possui natureza mais prática: o Prof. Leandro, não só com base em sua experiência pessoal, mas também no muito que viu e aprendeu no convívio com concursandos por mais de duas décadas, apresenta, com simplicidade e objetividade, diversas lições sobre estratégias de estudo e de planejamento, dicas práticas para solução de problemas que todo concursando enfrenta no seu cotidiano, tais quais os decorrentes da dificuldade de administração do tempo e de demandas familiares, além de uma visão geral dos diversos tipos de concursos públicos.

Enfim, embora nossa estreita amizade dificulte um julgamento imparcial, acreditamos que a obra que fomos convidados a apresentar realmente será útil para muitos, como um instrumento de fácil e rápida leitura, apto a motivar e a proporcionar dicas práticas que ampliarão o arsenal necessário ao atingimento – difícil, mas plenamente possível – de sua meta.

Boa leitura e bons estudos!

Marcelo Alexandrino e Vicente Paulo

SUMÁRIO

Parte III – OUTRAS DICAS

Parte IV – ANEXOS

Nota da Editora: o Acordo Ortográfico foi aplicado integralmente nesta obra.

INTRODUÇÃO

Sim, eu passei.

Mas, antes disso, ralei muito. Aprendi com meus pais, desde cedo, a importância de estudar. Conheci o mundo dos concursos e, não sei bem ao certo os motivos, por ele enveredei. Reprovei em muitos deles. Mas não desisti, fui até o fim e, depois de muitos anos, consegui realizar meu sonho final.

Eu só queria passar. E isso já me parecia um sonho distante. Nunca imaginei passar em primeiro lugar, ainda mais em dois concursos, ainda mais concursos para a magistratura, que, nesse mundo "concursal", estão no topo, quando se trata de nível de dificuldade.

Sem dúvida, nisso tudo há o fator sorte envolvido. Sorte de perguntarem aquilo que eu sabia, sorte de estar em um "dia bom", sorte de ter agradado o examinador. Mas, acredite, quanto mais a gente estuda, mais sorte tem! Ou, de acordo com a famosa frase de Elmer Letterman, "sorte é o que acontece quando a preparação encontra a oportunidade".

Então, este pequeno livro de bolso tem a despretensiosa intenção de contar um pouco da minha vida e da minha experiência de duas décadas vivenciando concursos públicos, e, se possível, aumentar sua "sorte" para a aprovação desejada.

Não pretendo trazer verdades únicas nem regras infalíveis, mas tão somente compartilhar com você um pouco do que vivi e aprendi nessa dura caminhada que é a preparação para um concurso público.

Qualquer crítica, elogio ou sugestão, me escreva: leandro@cadenas.com.br

Boa leitura!

Parte I
SOBRE O AUTOR

CAPÍTULO I

O COMEÇO DE TUDO

Depois de passar o dia na escola, chegava à minha casa perto das seis horas da tarde. Eu e meus três irmãos trocávamos de roupa e íamos direto para a piscina brincar. Depois de algum tempo, lá vinha minha mãe com uma jarra enorme, com quatro litros de vitamina de banana. Em pouco tempo, nós quatro dávamos conta da jarra toda. E era vitamina com leite integral. Deu no que deu: minha irmã, a mais baixa da trupe, tem 1,81 metro!!!

As manhãs eram tomadas por aulas tradicionais. No período da tarde, voltávamos para a escola e lá tínhamos uma primeira parte que chamavam de "estudo dirigido", ou seja, tínhamos que fazer as tarefas ou atividades determinadas pelos professores durante a manhã. Na segunda parte da tarde, tínhamos atividades diversas, como judô, inglês, fanfarra ou computação. Sim, computação. Nessa época, o 286 ainda não existia e o disquete tinha 5"1/4 de tamanho. Talvez você sequer tenha visto um desses! Era o começo dos anos 1980.

Meus pais são espanhóis e vieram para o Brasil ainda durante a infância, no começo dos anos 1950. Para os europeus em geral, a educação é um fator de extrema importância. Em razão disso, sempre tivemos muito rigor no cumprimento de nossas obrigações escolares. Brincar só depois de terminada a tarefa do dia.

Isso nos rendeu, ao contrário do que se poderia imaginar, um gosto especial pelo estudo, por querer aprender, por descobrir coisas novas.

A rigor, nunca fui muito fã de estudar em casa. Claro, gostava era de brincar. Mas como eu sabia que tinha de aprender e tirar boas notas, minha tática era prestar atenção às aulas. Já que eu tinha que estar ali, durante a aula, então aproveitava para aprender e não precisar rever em casa!

E assim era. Não perdia uma aula e procurava não me distrair durante ela. Se acaso faltasse, por qualquer motivo, no dia seguinte já buscava atualizar meu caderno com a aula perdida.

Resultado 1: na véspera da prova, bastava uma rápida revisão e o sucesso era garantido.

Resultado 2: podia brincar à vontade durante o tempo que ficava fora da escola.

Essa técnica trago comigo até hoje, inclusive durante a preparação para os concursos aos quais me submeti: prestar atenção durante as aulas e em casa só revisar.

Assim foi durante o ensino médio. Fiz o curso técnico em eletrotécnica. Ao final do curso, usando dessa mesma técnica, me formei como o melhor aluno da turma.

Como decorrência lógica do curso técnico, fiz Engenharia Elétrica, ambos cursados no Centro Federal de Educação Tecnológica, em Curitiba/PR.

Durante o curso de Engenharia, já com 20 anos, ao passar por uma agência dos Correios, deparei-me com um cartaz que divulgava o concurso para Auxiliar e Atendente Judiciários do Tribunal Regional Federal da 4.ª Região (hoje tais cargos foram transformados em Técnico Judiciário).

Eu não tinha a menor ideia do que era um Tribunal, mas achei o salário muito atrativo: oito vezes mais do que eu ganhava como estagiário!

Fiz imediatamente a inscrição e comprei uma apostila que era vendida ali mesmo, por um ambulante. À época era cobrado apenas Português e noções gerais de Direito. Metade da apostila era dedicada para cada uma dessas partes. As páginas dedicadas a Português eu sequer abri, me concentrando tão somente no conteúdo jurídico que, para mim, era absolutamente desconhecido. Mas estudei e, pouco mais de um mês depois, fui fazer a prova.

Lembro-me de ter ido bem, em especial em Português. E várias questões da prova de Direito eu me lembrava de ter lido na apostila, ou seja, acabei acertando bastante.

Eram aproximadamente mil candidatos, e fiquei em 30º lugar.

Em setembro de 1993, nomearam os primeiros. A segunda turma, da qual fiz parte, foi nomeada logo no início de 1994, com posse em fevereiro do mesmo ano. Eu havia acabado de completar 21 anos e recebi, com alegria e surpresa, a notícia de minha nomeação!

Fui à Justiça Federal para ter mais informações, mas não me deixaram entrar: eu estava de bermuda!

Tudo bem, voltei outro dia, desta vez já com calça *jeans*! Aí sim, pude entrar!

Minha primeira experiência no setor público tinha então seu início. Comecei a trabalhar sem saber direito o que era o Judiciário. No início, cabia-me, por exemplo, atender ao público, anexar pedidos dos advogados e numerar as páginas dos processos etc. Aos poucos, as atividades foram ficando um pouco mais complexas e interessantes, mas ainda burocráticas.

Passados alguns anos veio a formatura no curso de Engenharia. Aí começou novo dilema: abandonar o serviço público e ser engenheiro, ou investir na carreira pública. A essa altura eu já havia tomado gosto pela atividade de servir ao público, e pelo Direito. Mas também gostava de Engenharia.

Então, optei por seguir no serviço público. Contudo, me sentia um pouco preso em razão da pouca liberdade que tínhamos.

Eu precisava passar em um concurso de nível superior!

Não eram muitas as opções fora da área jurídica. As melhores, em resumo, eram as carreiras na Receita Federal, na Polícia Federal, no INSS e no TCU.

E aí começa uma nova fase de minha vida.

CAPÍTULO II

O CONCURSO PARA A RECEITA FEDERAL

Com o término do curso de Engenharia, pedi licença do cargo de Técnico Judiciário para tratar de assuntos particulares e fui para a França complementar meus estudos em minha área de formação.

No entanto, tive que voltar muito antes do tempo, por determinação do Tribunal. Foram momentos difíceis. Eu tinha que escolher se abandonaria o cargo público e seguiria minha carreira como engenheiro ou se faria o contrário. Acabei por decidir voltar. Afinal, eu gostava do que fazia, tinha um bom salário e estabilidade.

Mas voltei com uma ideia fixa, como disse no capítulo anterior: vou fazer concurso para outro cargo, de nível superior.

Novo impasse: faço o curso de Direito e só depois presto concursos na área jurídica, ou primeiro passo em outro concurso qualquer e depois faço Direito? Ambas as hipóteses tinham seus prós e contras. Escolhi primeiro fazer um concurso. Por razões pessoais, queria passar logo em algum de nível superior.

Optei então pela Receita, cargo de Auditor.

Estamos no fim do primeiro semestre de 1998.

Comecei a fazer um cursinho em Curitiba e o edital saiu logo em seguida.

Português, Inglês, Francês ou Espanhol, Contabilidade, Matemática Financeira, Estatística. E ainda Direito Constitucional, Tributário, Administrativo, Civil, Processo Civil, Penal, Comercial, Filosofia do Direito e Processo Administrativo Tributário.

Ufa, só o edital já cansa.

Como sabia que a prova seria dali a alguns dias, não dei bola para o tamanho do edital e me limitava a ir para o curso todos os dias, sem estudar em casa.

Não me recordo exatamente o motivo, mas aquele concurso acabou sendo adiado duas ou três vezes. De repente me dei conta de que o tempo estava passando e a prova não vinha, e que eu poderia ter alguma chance.

Até aquela época, meu contato com a vida dos concursos era quase nulo. O concurso para Técnico Judiciário não conta, era outra época, outra realidade. Eu não tinha a perfeita noção do que era passar num concurso de alto nível.

Pois bem. Decidi que ia brigar por uma vaga naquele concurso mesmo, não no próximo, como era minha intenção inicial.

Creio que a partir desse momento até a prova se passaram talvez dois ou três meses.

Estudei de forma desordenada e atrapalhada duas ou três horas por dia durante minhas manhãs. À noite, aulas no curso. Fim de semana idem: aula durante o dia todo no sábado e pela manhã no domingo.

Ou seja, sem tempo para mais nada.

Mas meu grande erro foi descuidar da ansiedade na semana da prova. Eu estava muito agitado e na noite da véspera da primeira prova praticamente não dormi, em razão dela: a ansiedade.

O concurso da Receita era dividido em três provas, sendo uma aplicada na tarde do sábado, e as outras duas durante o dia, no domingo.

Eu estava realmente nervoso e não conseguia controlar a ansiedade.

Mas, mesmo assim, fui muito bem. Por duas questões não passei na minha região. Se tivesse feito para qualquer outra do país, eu teria sido aprovado!

A tristeza momentânea se transformou em ânimo para estudar mais, já que eu sentia que estava muito próximo. Afinal, em 1999 teríamos outro concurso.

Em janeiro de 1999, iniciei um novo curso. Aliás, os cursinhos da época só abriam turma com o edital publicado. Essa foi a primeira turma aberta em Curitiba sem edital, pois havia previsão de três concursos, um por ano, entre 1999 e 2001, com, ao todo, mais de 1.500 vagas.

Contudo, a alegria durou pouco. Naqueles anos houve uma grave crise financeira mundial, relacionada com os chamados "tigres asiáticos" (em particular

Cingapura, Coreia do Sul e Malásia), que acabou repercutindo no Brasil. O então Presidente Fernando Henrique Cardoso proibiu os concursos públicos até 31.12.1999. Com isso, a turma do cursinho, que tinha perto de 100 alunos, foi minguando até restarem uns poucos heróis. Eu era um deles.

Como sabia que o concurso demoraria, e também sabia que precisava de bastante tempo para consolidar os conhecimentos com a profundidade que o concurso exigia, decidi seguir meus estudos com tranquilidade.

Ia todos os dias para a aula durante a semana. As manhãs eram dedicadas à leitura de livros e resolução de exercícios. Mas não existiam livros específicos para concursos como vemos hoje. Ao contrário, era necessário estudar por livros acadêmicos, que pouco se preocupavam com a clareza na exposição, em especial sob o ponto de vista de um engenheiro!

Você pode imaginar a dificuldade que foi para que eu entendesse o Direito. Levou muito tempo!

Essa tarefa foi enormemente facilitada por um excelente professor que tive no cursinho de Curitiba, que era, e ainda é, Auditor da Receita: o Fernando Saraiva. Ele, assim como eu, também é engenheiro e depois fez Direito. Então, suas explicações eram muito mais assimiláveis que a leitura dos livros ou mesmo aulas com profissionais do Direito.

"Como assim duas pessoas leem um mesmo artigo de lei e entendem de formas distintas?" Eu não conseguia entender.

A duras penas, como disse, fui evoluindo nesse novo mundo. Ressalto que minha experiência no Judiciário, como Técnico, muito pouco me ajudou nisso, já que as atividades eram essencialmente burocráticas, como já citei.

Aproximando-se o fim de 1999, já estávamos todos ansiosos, afinal, os boatos eram no sentido de que logo no começo de 2000 sairia o concurso tão esperado.

Em janeiro de 2000, outro balde de água fria: novo Decreto Presidencial vedou concursos até 31.03.2000.

Mas eu estava já havia tanto tempo estudando, já me sentia tão preparado que, a essa altura, nada mais me tirava o foco dos estudos. Segui firme estudando.

Em outubro de 2000, finalmente, saiu o edital para o certame!

Correria para vencer as inovações do concurso, em razão de conteúdo que não estava inserido no edital anterior. Enormes dúvidas sobre a região a escolher para fazer a prova. Na minha região (PR/SC), foram oferecidas apenas cinco vagas. Em outra, dez. Eu não podia correr o risco de que acontecesse novamente o que ocorreu em 1998. Acabei optando pela 1.ª Região Fiscal, com sede em Brasília (se tivesse feito na minha, teria ficado em primeiro... Deus sabe o que faz. Minha vida certamente seria outra, possivelmente não estaria aqui escrevendo estas memórias...).

Provas marcadas para início de janeiro de 2001, 40 dias de férias confirmadas para o período que antecedia as provas.

Concentração total. Durante o dia, estudava em uma biblioteca pública. À noite, aula no cursinho. E muitos dias ao som do coral de crianças que todos os anos se apresenta no prédio central de um grande banco, em Curitiba, já que o cursinho ficava a poucos metros dali.

Dia 2 de janeiro lá estava eu: assistindo aula, estudando, me concentrando.

A prova foi aplicada nos dias 13 e 14 de janeiro. Dia 12, eu e um amigo pegamos um ônibus e percorremos os mais de mil quilômetros que separam Curitiba/PR e Campo Grande/MS. Recordo que chegamos perto das cinco horas da manhã de sábado, pegamos nossas coisas, atravessamos a rua e nos hospedamos num hotel de quinta categoria, em frente à rodoviária.

Prova sábado à tarde e domingo o dia todo. À noite fomos os dois "comemorar" meu aniversário, que seria no dia seguinte, 15. Segunda-feira ele retornou para Curitiba e eu fui, sozinho e novamente de ônibus, conhecer Bonito, onde fiquei o resto da semana descansando, em um lugar que faz jus ao nome e vale a visita.

O resultado oficial somente veio mais de um mês depois e, para minha felicidade, lá estava meu nome, em segundo lugar na lista de aprovados!!!

Eu havia conseguido dar meu primeiro grande passo!

Mas as coisas ainda demoraram. O curso de formação começou apenas em agosto daquele ano.

Nesse meio-tempo, o juiz com quem eu trabalhava (Dr. Marcos Roberto Araújo dos Santos) me convidou para auxiliá-lo no gabinete, apesar das críticas veladas por convidar um servidor engenheiro para tal, deixando de lado outros graduados em Direito.

O tempo foi curto, mas o suficiente para ter certeza de que aquela atividade me era muito prazerosa. Ali confirmei que queria ser juiz! Sentia-me muito bem e útil trazendo Justiça aos que dela necessitavam – ainda que não fosse eu a assinar as decisões, eu já estava realizado.

Outro fato relevante que ocorreu nesse período entre a aprovação e o início do curso de formação foi que comecei a dar aulas no cursinho em que tinha estudado. Eu já havia sido convidado antes, contudo, resolvi que precisava me dedicar aos estudos em primeiro lugar, já que a aprovação era minha meta. Deixaria as aulas para depois de aprovado. E assim foi. Nesses meses que antecederam a ida para o curso em Brasília, passei a dar aulas, tanto de Direito Constitucional como de Administrativo. Era um horror, me sentia extremamente inseguro, tremia de medo quando um aluno levantava a mão para tirar uma dúvida. O tempo se encarregou de trazer a paz necessária para lecionar, uma das atividades que hoje mais me satisfazem.

Depois de quase quatro meses e meio de curso em Brasília, finalmente fomos nomeados em 27.12.2001, mais de um ano após o edital inicial. Optei por Campo Grande, por ser a capital mais próxima de Curitiba com vaga para Auditor.

Na festa de despedida dos colegas da Justiça Federal, em Curitiba, eu lhes disse, em tom quiçá profético: "Vou, mas voltarei como juiz!"

Já na primeira semana no novo cargo, busquei as faculdades de Direito disponíveis em Campo Grande. Todas já tinham feito seus vestibulares. Mas uma delas estava recebendo alunos transferidos de outras faculdades, e havia a possibilidade de alunos já graduados em outros cursos cursarem Direito, sem se submeterem ao vestibular. Havia mais interessados do que vagas disponíveis, assim, tivemos que fazer uma prova, na qual fui aprovado e, já em fevereiro de 2002, iniciava a faculdade de Direito, pré-requisito essencial para postular o cargo de juiz.

Também, logo que cheguei à cidade, fui dar aula no cursinho que lá existia, completando meu tempo por lá.

Então, minha receita para passar na Receita, com o perdão da redundância, foi essa: fazer cursinho sem faltar às aulas, ler livros e resolver exercícios de provas anteriores, muitos exercícios! Hoje, sem dúvida, devemos acrescentar a necessidade inafastável de acompanhar a jurisprudência dos tribunais superiores.

Noutro capítulo, tratarei com mais vagar desse tema.

CAPÍTULO III

O CONCURSO PARA A MAGISTRATURA FEDERAL

A vontade de ser magistrado, como já referi, surgiu quando eu trabalhava como Técnico Judiciário. Mas um "pequeno detalhe" ainda estava pendente: eu precisava de um diploma de Bacharel em Direito.

Bem por isso que a primeira coisa que fiz quando assumi o cargo de Auditor da Receita Federal foi procurar uma faculdade para fazer esse curso. E menos de dois meses depois já estava em sala de aula.

Para falar a verdade, o curso não era lá essas coisas. Mas me possibilitava cumprir um dos requisitos para assumir o cargo de juiz, que era o tal diploma.

Então fui levando com paciência, pois inúmeras vezes a aula que tinha não valia nem a gasolina que eu gastava para ir à faculdade, a algumas quadras de minha casa!

Minha ideia era começar a estudar para a magistratura a partir do quarto ano.

Contudo, em dezembro de 2004 foi aprovada a Emenda Constitucional nº 45, que passou a exigir três anos de prática jurídica para quem quisesse prestar tal certame. Isso deu certa esfriada em meus ânimos e desisti de começar a estudar com antecedência, já que eu teria esses três anos de estudo obrigatório.

Veio a formatura em janeiro de 2006 e, mesmo assim, não comecei a estudar imediatamente, iludido, crendo que tinha tempo para tanto. Passei o primeiro semestre desse ano apenas cuidando do cursinho que eu tinha em Campo Grande, dando aula e atualizando os livros. Apenas em 24.07.2006 é que comecei a fazer um cursinho teletransmitido.

Minha rotina era mais ou menos essa: durante o dia trabalhava na Receita, no fim da tarde ia para a academia durante 40 minutos, e depois para a aula.

Aos fins de semana, às vezes dava aula, às vezes estudava.

Assim foi durante dois anos.

Nesse ritmo, eu sentia que só indo para as aulas não chegaria a nenhuma aprovação.

Não me sobrava tempo para estudar, com a infinidade de coisas que eu tinha para fazer, aí incluído o trabalho, as aulas, o curso, os livros...

Percebi que precisava abrir mão de algo, do contrário não conseguiria realizar meu sonho.

Foi quando optei por pedir licença sem remuneração da Receita e tirar todas as férias vencidas a que eu tinha direito.

Programei isso com meu chefe e, tão logo completei os três anos exigidos pela CF/1988, fiz o pedido de licença que, ainda assim, levou meses para ser concedido.

À época ainda não era certo que poderia comprovar os três anos de prática com o exercício do cargo de Auditor Fiscal. Então, procurei me cercar de maiores garantias, fazendo pós-graduação e depois sendo conciliador voluntário no Juizado Especial Federal, de tal forma que eu teria os três anos independentemente do cargo de Auditor. Mas isso sequer foi necessário (mas foi útil na pontuação de títulos), já que o Conselho Nacional de Justiça reconheceu como prática jurídica o exercício de meu antigo cargo (PP 1438, julgado em 12.06.2007).

A partir daí, me mudei para Curitiba, passei a fazer a Escola da Magistratura Federal do Paraná à noite e a estudar durante o dia, em casa. Isso foi durante 2009.

Durante 2010, fiz um curso rápido, de revisão, de quatro meses, também à noite, e outro aos sábados, de algumas matérias específicas, que também durou quatro meses. E só.

O restante do tempo foi utilizado integralmente para os estudos, inclusive sábados, domingos e feriados.

Enquanto frequentava o curso, costumava acordar às 7h30 e começava a estudar às 8h, com pequeno intervalo para o almoço (45 min.) seguido de rápida soneca (15 min.). Com o fim das aulas (a essa altura, me parecia perda de tempo ir para o curso), e já com o cansaço se abatendo sobre meu ser, passei a dispensar o despertador. Acordava quando abria os olhos, sem horário. Isso costumava acontecer entre 8h30 e 9h. E estudava, em regra, até as 22h, também com o mesmo curto intervalo de almoço e outro ao fim da tarde.

Os fins de semana seguiam a mesma rotina, só alterada se tínhamos visita ou algo diferente para fazer, como uma formatura ou casamento, eventos que nunca deixei de comparecer – se convidado, claro!

Durante esses anos, jamais deixei de viajar uma ou duas vezes ao ano, por uma ou duas semanas. Em especial em épocas com pouca probabilidade de provas, como as festas de fim de ano ou Carnaval.

Mesmo assim, sempre levava um livro para ler nas horas vagas, como nos aeroportos ou durante os voos.

Nos momentos de cansaço, me distraía com a internet (que sempre me roubou horas preciosas). Mas o que eu mais gostava de fazer quando estava cansado de estudar era atualizar meus livros, ler jurisprudência ou fazer exercícios! Isso mesmo, como se diz popularmente, enquanto descansava, quebrava pedras! Só o fato de mudar de atividade já me fazia descansar.

E fui fazendo concursos, mesmo para aqueles cargos que eu não pretendia assumir.

Valia pela experiência e, se aprovado, podiam contar pontos para os títulos.

Fiz inúmeros concursos e em muitos deles fui reprovado. Mas foi assim que, além da experiência com provas, acabei sendo aprovado, por exemplo, em primeiro lugar para juiz de Direito, além de outros, como Defensor Público Federal, Analista Judiciário e Analista do Ministério Público da União.

Quanto aos Tribunais Regionais Federais, fiz a prova em todos os cinco que existem no país.

O primeiro foi no final de 2009, o TRF da 5.ª Região, com sede em Recife/PE. Na primeira prova fiquei em 3º lugar. Na segunda, tirei 4,7! O mínimo era 6.

Tremenda decepção.

Mas serviu de lição. Os concursos para juiz têm cinco fases de provas: uma objetiva com 100 questões. Outras três escritas e uma última oral. O candidato somente passa para a fase seguinte se obtiver no mínimo a nota 6 em cada prova.

A lição foi: não adianta ir muito bem em uma fase e não conseguir o mínimo na outra. E mais uma: cada fase merece atenção específica, estudo direcionado.

A partir daí, com essas lições em mente, passei a me preparar para as provas seguintes, deixando de lado o estudo para a primeira fase.

O resultado foi o esperado: minha classificação na primeira fase foi caindo a cada novo concurso, e a nota na segunda fase foi aumentando na mesma medida.

Assim, confiando um pouco na minha memória, nos certames que se seguiram aconteceu mais ou menos o seguinte comigo:

Classificação na 1.ª fase	Nota nas provas seguintes
3º	4,70*
40º	5,30*
50º	5,50 – 6,95*
40º	6,45 – 6,00 – 6,55 – 9,25
211º	6,70 – 8,50 – 6,01 – 6,90

* Não corrigidas as demais provas.

Como se percebe, meu desempenho foi melhorando nas provas subjetivas e piorando na primeira fase, já que praticamente deixei de estudar para esta. Ressalto que somente os 300 primeiros na primeira fase fazem a segunda prova. Ou seja, eu estava perto de reprovar já na primeira prova quando passei no concurso. Aliás, fui aprovado nos dois últimos.

E faço uma observação: o edital para o concurso de Juiz Federal do TRF da 4.ª Região previa apenas uma vaga! Bem, você só precisa de uma mesmo! Apesar disso, alguns deixaram de fazer tal certame por conta da existência de somente uma vaga. Porém, como ocorre com frequência na Administração Pública, surgem vagas no decorrer do tempo. Neste foram aprovados 25 candidatos, dos quais 20 tomaram posse de uma só vez, ou seja, surgiram 19 vagas entre o início e o fim do concurso. E os próximos cinco foram nomeados nos meses seguintes. Portanto, não dê tanta relevância para o número de vagas, pois isso só vai ser importante na fase final, até lá, preocupe-se em passar.

Conclusão: aprovação em concurso também exige estratégia. Às vezes, descobrimos isso durante a caminhada, mas o importante é saber perceber os sinais e termos humildade para reconhecer os erros e corrigir o rumo.

E essa é uma análise muito pessoal. Claro que a experiência dos que estão há mais tempo estudando ou mesmo dos já aprovados conta muito, mas cabe a você, e só a você, fazer uma avaliação crítica de seu desempenho e corrigir o rumo, se necessário for.

Na próxima parte do livro, tratarei especificamente sobre concursos públicos.

Parte II
SOBRE CONCURSOS PÚBLICOS

CAPÍTULO I

O QUE É CONCURSO PÚBLICO?

O Brasil é uma República Democrática, o que significa dizer que seu patrimônio é público e administrado por pessoas eleitas pelo povo, para um mandato com prazo certo.

Os governantes da vez, para implementar seus planos, são auxiliados diretamente por pessoas de confiança (Ministros, Secretários), ocupantes de cargos em comissão, que dispensam qualquer tipo de seleção que não seja a mera indicação da autoridade competente.

Contudo, o corpo técnico da Administração Pública deve ser preenchido por pessoas com capacidade para bem desempenhar as atividades necessárias para o atendimento do interesse público.

E essa seleção é feita por meio do concurso público, ou seja, um sistema meritocrático, no qual ocupará um cargo público aquele que, em uma avaliação igual para todos, demonstrar melhor capacidade.

Com isso, em tese, buscam-se os melhores profissionais no mercado, naquele momento. Afinal, o interesse público exige os melhores. Diz-se "em tese", pois o sistema, por melhor que seja, também pode ser falho, aprovando alguém que, na prática, não seja uma boa opção para a Administração. Para isso existe o estágio probatório, período durante o qual o novo servidor será avaliado, podendo ser reprovado e perder o cargo que ocupa.

Pois bem. Concurso público, então, é a avaliação necessária para que qualquer pessoa venha a ocupar um cargo efetivo junto à Administração Pública.

CAPÍTULO II

POR QUE FAZER UM CONCURSO PÚBLICO?

Em geral, o mercado de trabalho se divide em dois grandes grupos: a iniciativa privada e o setor público. Há também aqueles que passam a vida sem trabalhar, mas estes não são objeto destas linhas.

Na iniciativa privada, cada um pode desempenhar a atividade que bem entender, obedecidas as exigências que eventualmente a lei fixar. Dessa forma, por exemplo, para ser médico, exige-se a graduação no curso superior de Medicina. Por outro lado, para ser vendedor ou balconista, não há nenhum requisito específico, ou seja, qualquer pessoa pode desempenhar tais atividades. Nesse ramo também não há limites salariais. Uma pessoa tem a possibilidade de ganhar milhares de reais por mês. Por outro lado, inexiste estabilidade, a qualquer momento pode ser dispensada ou seu negócio ir à falência.

De seu turno, o serviço público tem peculiaridades que o torna uma interessante opção no mercado de trabalho atual.

É certo que, para nele ingressar, é necessária prévia aprovação em concurso público que, a depender da carreira que se pretenda, pode ser muito difícil. Em regra, quanto maior o salário e maiores as vantagens do cargo almejado, maior a dificuldade para aprovação.

No entanto, as vantagens são inúmeras.

Uma vez aprovado, o candidato nomeado passa a fazer jus a uma remuneração que, via de regra, é consideravelmente superior à da iniciativa privada para ocupação equivalente no início da carreira.

Além disso, especialmente na esfera federal, há a certeza de que, no dia programado, o valor esteja à sua disposição. No setor privado, não é rara a inadimplência por parte do patrão ou atraso nos pagamentos.

Talvez a maior das vantagens do cargo público seja a estabilidade conseguida após o decurso do estágio probatório. Não que esse seja um privilégio do servidor, mas sim uma garantia para o bom desempenho do cargo. Com a estabilidade, o ocupante do cargo efetivo não poderá ser dispensado, a não ser em algumas poucas hipóteses previstas no texto constitucional. Dessa forma, diferentemente do que ocorre na esfera particular, o servidor tem a garantia de trabalho até sua aposentadoria.

E por falar em aposentadoria, outra vantagem deste setor é um sistema previdenciário próprio que proporciona um interessante regime de aposentadoria para o servidor. Naturalmente que essa não é uma vantagem gratuita. A depender do caso concreto, ele se aposenta com um valor maior que aquele aposentado pelo regime geral do INSS, mas também contribui com um valor maior durante sua vida funcional.

Outro ponto que merece destaque é que sempre haverá concurso público. A máquina administrativa não se movimenta sozinha. De um lado, sempre aumenta a demanda por serviços públicos. De outro, constantemente há servidores deixando seus cargos, seja por aposentadoria, seja por exoneração ou mesmo por falecimento. Ainda que o governante da vez anuncie, como costuma fazer, cortes e proibições de concursos por determinado período, cedo ou tarde os concursos voltam, como bem mostra a realidade histórica.

As vantagens, como visto, são inúmeras.

Há, porém, uma desvantagem relevante, mas que não interfere na vida da maioria das pessoas. O titular de um cargo público tem limite de remuneração, por determinação constitucional e em atenção ao interesse público. Nesse sentido, ninguém pode receber mais que um Ministro do Supremo Tribunal Federal, cujo subsídio está em torno de 30 mil reais.

Então, para aqueles que se contentam em ganhar até esse valor, e preferem a estabilidade, a via do concurso público é uma excelente escolha.

Tomada essa decisão (vou ser servidor público!), você deve partir para a batalha do concurso público. Para tanto, é necessário ter estratégia e munir-se das armas adequadas, sem as quais o sucesso é incerto.

Nos capítulos seguintes, analisaremos o que é útil para a aprovação em um concurso público.

CAPÍTULO III

O QUE PRECISO PARA PASSAR EM UM CONCURSO PÚBLICO?

Vontade, dedicação, perseverança. Em geral, com essas características, unindo-as a um estudo de qualidade e ao cumprimento das exigências para o cargo, qualquer pessoa é aprovada em concurso público.

Sabe-se que as vagas são poucas e os interessados, muitos. Então, é natural que, quanto mais inscritos para determinado cargo, maior seja o nível de dificuldade.

Uma vez tomada a decisão de seguir a carreira pública, o candidato deve estar ciente de que esse caminho pode ser – e provavelmente será – um caminho longo e tortuoso. Contudo, a aprovação, ao final, compensa todo e qualquer sacrifício vivido nessa fase de preparação. Não conheço absolutamente ninguém que tenha sido aprovado e que considere que o caminho foi por demais sacrificante, e que não compensou a aprovação. De outro lado, conheço centenas de pessoas que desistiram no meio do caminho.

Parafraseando Lance Armstrong, lembre-se: **o sacrifício do estudo é passageiro. Tanto a aprovação quanto a desistência são para sempre**.

Este talvez seja um dos pontos mais importantes: você deve estar convencido de que a batalha pelo cargo não será fácil e estar disposto a enfrentar todas as dificuldades até a vitória final.

Se começar nossa trajetória rumo ao sucesso com essa certeza já não é fácil, caso você já inicie pensando que em pouco tempo estará aprovado, e se isso não ocorrer, sua desistência é quase certa.

Então, faça novamente essa avaliação interior: "eu quero ser servidor público, ter um bom salário, estabilidade e uma vida tranquila, abrindo mão de receber mais que um Ministro do Supremo. Farei o que for preciso, pelo tempo que for necessário, e não desistirei até conseguir a tão sonhada aprovação".

Se você conseguir responder SIM a essa questão, com firmeza de propósitos, você já começa bem a caminhada.

Digo isso porque muitos serão os obstáculos. E, um a um, todos deverão ser ultrapassados.

Se, de outro lado, você prefere a iniciativa privada, com seus desafios e oportunidades, ótimo, o país precisa de você com a mesma importância que precisa dos servidores públicos. Siga sua vida nesse setor e seja feliz!

Mas os capítulos seguintes interessam mais aos que buscam seu lugar servindo ao público, e ali analiso alguns aspectos que julgo relevantes na preparação para tal.

CAPÍTULO IV

A ESTRATÉGIA PARA VENCER

Já decidi: serei um servidor público.

Pronto, por onde começo?

O ponto de partida costuma ser a escolha da carreira almejada, tendo em conta, naturalmente, o cumprimento das exigências para tal.

Eu escolhi ser juiz. Mas precisava me graduar em Direito. Depois, precisava de três anos de prática jurídica. Assim, planejei minha vida para cumprir tais requisitos, pois, sem eles, jamais alcançaria meu objetivo final.

De igual forma, se você, por exemplo, pretende ser policial federal, é necessário saber que deve atender aos requisitos mínimos com relação à saúde e à forma física, pois será submetido à avaliação também quanto a esses aspectos. Novamente, de nada servirá ser aprovado na prova objetiva e reprovar no exame físico.

Então, se você já tem em mente qual o cargo almejado, a preparação já começa mais simples.

Do contrário, se ainda não sabe qual ou quais cargos pretende, dou uma dica: avalie o conjunto de cargos que lhe seriam interessantes.

Por exemplo, se você somente tem ensino médio, pode ser uma boa escolha optar por Técnico Judiciário. Todos os Tribunais do país fazem concursos para esse cargo, que tem ótima remuneração para nível médio, ao menos na esfera federal. Nesse caso, há um rol de matérias que são cobradas em todos eles. E algumas extras, a depender do Tribunal. Nesse exemplo, no Tribunal Eleitoral você precisará estudar Direito Eleitoral. No Tribunal do Trabalho, Direito do Trabalho, e por aí vai. Mas todos eles, repito, têm um conjunto comum de matérias.

E o começo me parece que deve ser por aí mesmo, ou seja, identificar quais são as matérias necessárias para a aprovação no cargo, ou no conjunto de cargos, que pretende.

Não cometa o erro fatal de achar que não precisa estudar esta ou aquela matéria.

"Sou contador, não preciso estudar Contabilidade." "Sou engenheiro, não preciso estudar Matemática." "Sou advogado, não preciso estudar Direito."

Ouvi muito tais frases no decorrer de mais de uma década de magistério especializado em concursos. Invariavelmente, os que as pronunciam geralmente não são aprovados.

E por uma razão muito simples: concurso público é uma realidade muito distante da academia. O que se aprende na faculdade (o conteúdo mínimo que lá se aprende) pouco tem relação com as questões da prova, pois o enfoque é diverso.

Sou engenheiro e nunca faltei às aulas de matemática básica e financeira, estatística ou raciocínio lógico. Claro, em razão da minha formação, tenho mais facilidade para aprender tais disciplinas. E o resultado não poderia ser outro: gabaritei essa parte do concurso para Auditor da Receita. Se tivesse negligenciado e faltado a essas aulas, provavelmente não teria sido aprovado.

Um colega de turma, à época, graduado em Contabilidade, não acertou o mínimo na prova nessa matéria! Ele não frequentava tais aulas.

Então, o recado é o seguinte: estude todas as matérias do edital, não ignore nenhuma delas. Naturalmente, as que você não sabe ou não gosta você estudará mais, e as que sabe ou tem mais facilidade, estudará menos. Mas estudará todas!

Analisado o edital, ou editais, e relacionadas as matérias que deverão ser estudadas, vamos ao passo seguinte: como estudar?

Isso veremos no próximo capítulo.

CAPÍTULO V

COMO ESTUDAR

"Já sei que tipo de concurso vou fazer e quais são as matérias que preciso estudar."

"Ainda não sei precisamente qual o concurso, mas ao menos já estabeleci quais os cargos que me agradam, e levantei o rol de matérias comuns a eles."

"Não sei que tipo de cargo eu quero, mas sei que quero ser servidor público e ao menos já sei que começarei a estudar algumas matérias básicas, que são cobradas em quase todos os concursos, como Português, Direito Administrativo e Direito Constitucional. Com o tempo, as opções vão ficando mais claras e posso definir melhor meu caminho."

Qualquer das três situações que seja a sua, o caminho inicial é parecido, e também se subdivide em algumas hipóteses.

Se você nunca estudou para concursos e está começando agora, creio que a melhor solução inicial é matricular-se em um bom curso preparatório.

E um bom curso não é aquele que tem professores doutores nas suas áreas, sala de aula luxuosa e que dão bolsas e bolachas chiques para os alunos. Isso pode ser importante, mas não parece ser o fundamental.

Os professores devem saber o que estão fazendo ali. Já tive aula com pós-doutores que não tinham ideia da diferença entre Analista e Técnico, ou entre CESPE e ESAF. Podem ser ótimos acadêmicos, mas, por vezes, inúteis em um curso para concursos.

Se possível, escolha o curso pelo currículo dos professores. Em geral, tendem a ser melhores aqueles que já se submeteram a concursos públicos ou, ao menos, já estudaram as bancas e sabem a forma como elas cobram a matéria.

Certa feita tive aula com um professor, dos mais renomados na sua área, autor de vários livros e que lecionava no curso de doutorado. Ao lhe perguntar sobre o que vinha sendo cobrado nos concursos acerca da matéria dada, ele me responde simplesmente com um "não sei, há muito tempo não vejo as provas de concurso". No meu íntimo me perguntei: "o que faz esse senhor aqui, num curso para concursos?". Poderia ser ótima sua aula no doutorado, mas para concursos, ouso dizer que não valia nada.

Dessa forma, busque um bom curso, assim classificado aquele que tem professores especialistas em concursos, atendentes que sabem o que estão vendendo, salas de aula confortáveis para que se possa nelas permanecer durante o tempo de aula, no mínimo.

Isso é importante, porque é no cursinho que você vai ter seu primeiro contato com o mundo dos concursos.

Lá é que você vai amadurecer suas escolhas e, muito importante, vai ter o direcionamento necessário nos estudos. É comum aquele que estuda por conta própria desde o início perder tempo estudando partes da matéria que não são cobradas em concurso, ou estudar de forma inadequada, ou sob ponto de vista diferente da banca examinadora. Um bom curso supre essa deficiência, orientando o aluno para o melhor caminho a ser seguido, otimizando seu tempo.

E, como já disse antes, se você ainda não definiu bem a carreira pretendida, no curso, convivendo com outros candidatos e com os professores, você acaba conhecendo melhor as características de cada cargo, as oportunidades, os concursos próximos, as dificuldades e vantagens de cada um, o que facilita a clarear as ideias e fazer a opção que lhe pareça melhor. Sozinho, em casa, acredite, é uma tarefa cruel.

Se você já vem estudando há algum tempo e já tem definido o rumo a ser tomado, talvez seja interessante apenas fazer cursos específicos, de uma ou outra matéria, ou de revisões de véspera.

A depender do nível de cada um, o cursinho pode dar a sensação de verdadeira perda de tempo.

Eu me senti assim várias vezes. Durante um tempo na minha preparação, eu só ia para a aula, sem estudar em casa. Depois, passei a acumular os dois, curso e estudo em casa. Na etapa final (no meu caso, um ano), só estudava em casa. Cada um deve avaliar a sua situação particular, mas repito: no início, me parece essencial fazer um cursinho, pelos motivos já antes relacionados.

Mas só o curso não é suficiente. Dizem que está cientificamente comprovado que o que você aprende em uma aula deve ser revisto até 48 horas depois, sob pena de esquecer a maior parte do que estudou.

Uma coisa é certa: para concurso, o que vale é a repetição.

Lembre-se da época da faculdade ou do ensino médio.

Você tinha uns dois meses de aula, estudava para a prova e, depois de feita esta, esquecia-se da matéria e partia para a próxima avaliação. Assim fizemos durante todos os anos de nossa experiência escolar.

Então, se são quatro anos de faculdade, por exemplo, a cada semestre temos matérias diferentes, provas diferentes. Ao ser aprovado em uma, passamos a estudar a próxima e assim até a colação de grau. Aprovados, não voltamos a estudar aquela disciplina.

Para o concurso, o ritmo é outro.

A prova será realizada apenas, por exemplo, daqui a dois anos. Ainda exemplificando, estudo todo o conteúdo em seis meses. Ao terminar, começo a rever o mesmo conteúdo, por mais seis meses. Quando chegar a data da prova, eu terei estudado a mesma matéria quatro vezes. Com isso, as chances de aprovação são enormes.

Sim, o conteúdo a ser estudado é amplo, mas bem por isso você deve ter em mente que necessitará de muito tempo para estudar uma vez, e de mais tempo para rever várias vezes esse conteúdo. Com raras exceções, não se consegue aprovação para um bom cargo estudando uma vez a matéria toda! Assim, é fundamental a repetição.

Foi assim quando estudei para a Receita Federal.

Como eu sabia que demoraria a sair o próximo concurso e eu não tinha a disciplina necessária para estudar sozinho em casa, optei por fazer cursinho. Repeti cinco vezes cada uma das matérias, a ponto de decorar a aula, os exemplos, até as piadas, já que boa parte dos professores se repetiu nessas cinco vezes que fiz o curso. O resultado foi esse: fui aprovado em segundo lugar nesse concurso, pois, ao ler cada questão da prova, lembrava-me do comentário do professor em sala. Não de todas as questões, por óbvio, mas da maioria delas, a ponto de ser suficiente para ser aprovado. O fato de ter sido bem classificado não se deve a nenhuma capacidade extraordinária minha, mas sim à preparação e à conjunção de fatores positivos no dia do concurso. Com isso afirmo, sem medo de errar, que qualquer pessoa pode repetir esse ou melhores resultados, basta preparação e ter "sorte" do dia da prova, como já antes mencionado.

Lembre-se: a prova é uma só, você sabe o conteúdo e quer passar. Então é só estudar aquele conteúdo tantas vezes quantas forem possíveis. O conhecimento, nesse caso, adquire-se, digo uma vez mais, por repetição.

A estratégia para colocar em prática essas dicas veremos no capítulo seguinte.

CAPÍTULO VI

APLICANDO A ESTRATÉGIA DE ESTUDO

Inicialmente, quero dizer que a estratégia é uma parte muito relevante da preparação, mas, essencialmente, é algo peculiar de cada candidato.

Não há aqui nenhuma fórmula mágica e infalível para a aprovação.

Acima de tudo, procure a melhor forma de estudar, a maneira pela qual você tem o melhor rendimento. E este se mede através da melhora progressiva no desempenho das provas que você fizer, ainda que seja em casa, para ir treinando. Com o tempo, você deve perceber que está acertando mais e mais. Se isso não ocorrer, talvez a estratégia deva ser reavaliada.

Aqui passarei algumas experiências, tanto próprias quanto de pessoas próximas que lograram aprovação, portanto, experiências que, para mim ou para essas pessoas, funcionaram.

É essencial ter planejamento e disciplina. Além disso, um bom local para estudar e boas fontes de leitura. Associado a isso tudo, mantenha a motivação e a vontade de alcançar seu objetivo final.

Vamos analisar cada um desses itens.

6.1 – Planejamento

Em geral, o tempo é curto. Ainda que aparente não ser, sempre é. Se você pensa que tem muito tempo (por exemplo, só se dedica a estudar para o concurso), você corre o sério risco de estudar um pouco por dia e, quando for rever, já ter transcorrido tantos meses que já esqueceu tudo. Portanto, não podemos perder tempo.

Tendo já definidas as matérias que você precisará estudar, faça um planejamento de como todo esse conteúdo será dividido.

Várias são as soluções possíveis.

Vou exemplificar com algumas: a) estudar uma matéria por vez, do começo ao fim; b) estudar uma matéria por dia, interrompendo ao final do dia, onde quer que tenha parado; c) estudar uma matéria por dia, interrompendo ao final de um capítulo ou parte do assunto, mesmo que isso ocorra antes do final do dia ou exija um pouco do dia seguinte; d) estudar uma matéria por hora (ou duas horas etc.), variando durante o dia (Português, Direito Administrativo, Contabilidade, Inglês); e) estudar uma matéria por dia, de diversas formas diferentes (Direito Administrativo: duas horas de teoria, uma hora de exercícios, uma hora de jurisprudência, meia hora de leitura de lei).

Qual a melhor forma? Não sei, para cada pessoa pode ser uma diferente.

Eu testei várias delas. Para mim, no começo, funcionou melhor a primeira alternativa, pois sabia que passaria anos estudando. Se você terá prova daqui a três meses, provavelmente não vai funcionar, pois a matéria lida na primeira semana e não mais revista já não estará tão viva na memória no momento da prova.

Durante minha licença sem remuneração, quando estudava de oito a doze horas por dia, costumava ler uma matéria pela manhã, outra durante a tarde e deixava a noite para descansar. Como? Lendo jurisprudência e fazendo exercícios (provas passadas), em geral de outras matérias.

Minha sugestão é que teste algumas dessas formas, ou outra qualquer que julgue adequada, e avalie seu grau de absorção do conteúdo estudado. Com pouco tempo (algumas semanas ou poucos meses), você já terá condições de avaliar como melhor consegue aproveitar o tempo.

A partir daí, você já pode preparar uma planilha com seu roteiro de estudos, indicando o que deverá fazer nos diversos dias da semana e horas do dia, incluindo aí os momentos de dormir, as refeições e o lazer, entre outras tantas coisas de seu cotidiano.

Nesse roteiro é interessante que você insira todo o conteúdo do edital do concurso dentro do tempo disponível.

Se você, por exemplo, pretende estudar todo o conteúdo em um ano, deve distribuí-lo no decorrer desse período, deixando dias vagos todos os meses, para que possa readequar o cronograma em caso de eventualidade, como uma viagem inesperada ou uma doença.

Quero reafirmar a necessidade de prever um período de lazer. Obviamente que você, "baladeiro", não vai mais frequentar bares toda semana, voltando para casa bêbado com o dia amanhecendo. Isso não faz parte da vida de concursando. Mas é importante dispor de certo tempo para a família e os amigos.

Costumo dizer que, durante os dois anos de preparação para a Receita, eu só ia a três eventos sociais, se convidado: casamento, aniversário e funeral! Aniversário somente dos mais íntimos.

Programe-se e cumpra o programado.

6.2 – Disciplina

Pouco adianta ter planilhas com todos os seus passos se você não cumprir o que foi planejado.

Uma das piores sensações é a da autoincapacidade. Considerar-se incompetente e incapaz de fazer aquilo que tinha programado é desestimulante. Pode levar à desistência do concurso em pouco tempo.

Psicologicamente, é melhor programar duas horas de estudo e estudar três a programar quatro e estudar três. Note que, no caso, foram estudadas as mesmas três horas. Porém, em uma o candidato ficou empolgado, pois estudou além do previsto, na outra decepcionado, pois não conseguiu cumprir o que programou.

Então, seja realista na hora de planejar. Se está em dúvida, em especial no começo, programe menos tempo, até ganhar ritmo de estudo.

É mais fácil ser disciplinado com um cronograma factível.

Também não ajuda ficar estudando, forçadamente, só para cumprir o que planejou. A qualidade do estudo nessas condições não é boa.

Depois de algum tempo estudando e muitos testes, você consegue identificar quanto tempo consegue estudar por dia, com qualidade, que hora do dia é melhor, quanto tempo de sono necessita etc.

Mas tenha sempre em mente que não se passa em uma prova difícil sem disciplina, sem abrir mão de algumas atividades extras (ver novela ou noitadas de bebedeira, por exemplo).

Então, repito, faça um planejamento realista e cumpra-o. A sensação de ver cada dia riscado em seu calendário como meta cumprida é muito boa, e nos realimenta de energias.

Se você ainda não é disciplinado a tal ponto, faça como eu, frequente um cursinho. Mas, no mínimo, você tem que ser disciplinado para não faltar e não chegar atrasado. Se não for disciplinado nem para isso, talvez seja melhor você reavaliar seu desejo de ser servidor público, deixando esse projeto para o futuro.

Eu sabia que não conseguia ficar em casa estudando, quando me preparava para a Receita, nos idos de 1999/2000. Por isso fiz cinco vezes seguidas o cursinho.

Já quando fui me preparar para a magistratura, a situação era outra. Era o momento de apostar todas as fichas nisso, tanto é que pedi dois anos de licença, abrindo mão da remuneração de Auditor. Preparei-me psicologicamente para isso, fiz minha programação e a cumpri. Não 100%, claro, mas a maior parte, sim.

Acordava e já sabia o que teria que estudar naquele dia. E deixava sempre um dia por semana sem nada programado justamente para as eventualidades, que sempre surgiam, além das novidades legislativas, mudanças na jurisprudência, churrasco em família, cinema etc.

6.3 – Local para estudar

Tendo o roteiro já fixado e a disciplina necessária, você precisa sentar e estudar. Como se costuma dizer, passa-se num concurso com muitas "horas-bunda na cadeira".

Arrume um bom local para estudo. Necessariamente tem que ter uma mesa e cadeira adequadas. Iluminação e ventilação de acordo com suas necessidades. Livros e cadernos a mão. Se for o caso, computador e internet com boa conexão.

Uma observação: a internet sempre foi para mim uma grande aliada, mas também um dos meus maiores problemas. O tempo gasto com *e-mails* e pesquisas fúteis me trouxe grandes problemas, a ponto de optar por ficar um ano sem internet em casa, como uma espécie de autopunição pela minha falta de controle! Deu certo, o estudo sem ela rendia muito mais. Avalie se você está fazendo uso racional da internet.

A cadeira é de fundamental importância. Nela você passará a maior parte dos seus dias até a aprovação.

Acho que esse foi o melhor investimento que fiz. Logo que comecei a estudar para a magistratura, comprei uma cadeira de quase dois mil reais. Para quem não me conhece pessoalmente, tenho "apenas um metro e cem" de altura, o que torna incômoda qualquer tarefa que eu tenha de realizar sentado por muito tempo.

Unindo a qualidade da cadeira com a boa postura, passei centenas (milhares) de horas nela sem maiores problemas.

O desafio a que você se propôs já é, por si só, sacrificante. Ter ainda problemas com pouca iluminação, cadeira desconfortável ou conexão de internet caindo o tempo todo só vão atrapalhar ainda mais seus estudos, agregando dificuldades que são facilmente afastadas. Concentre-se nos problemas que você tem necessariamente que enfrentar, como o estudo em si, economizando incômodo com as questões que podem ser resolvidas. Resolva-as.

Onde você estuda também deve ser tranquilo.

Telefone e campainha tocando, cachorro latindo, crianças gritando, pais/filhos pedindo ajuda para tudo etc. são situações que prejudicam a concentração.

Se possível, converse com o pessoal de casa, mostre a importância do silêncio e da sua tranquilidade para estudar, e, se der, reserve um cômodo onde ninguém o atrapalhe.

Quem não estuda para concurso tem dificuldade de entender. Para muitos deles, você só estuda, então, pode ajudar sempre, pode ir ao banco, aos Correios, trocar a lâmpada ou dar banho no cachorro. Encare o tempo de estudo como um "trabalho", com hora certa para começar e acabar, e faça com que os outros também encararem assim.

Se isso for impossível em sua casa, busque outro lugar de estudo, como uma biblioteca pública ou mesmo espaço próprio que muitos cursinhos oferecem.

Com o tempo, passei a incorporar algumas dessas coisas no meu cronograma. Assim, por exemplo, quando minha mãe me pedia ajuda para algo que podia esperar, eu destinava parte do meu tempo para isso. Não na hora que ela queria (como invariavelmente era o desejo dela), mas no meu momento. Assim, no fim do dia eu sempre dava uma parada para descansar. Nesse momento, seguindo a velha teoria do descansar quebrando pedras, eu ia e fazia o que ela havia solicitado.

Outro exemplo concreto. Frequentemente, meu sobrinho/afilhado, então com 5 a 7 anos, ficava em minha casa aos sábados. Lógico que ele queria brincar com o tio e não entendia o motivo de eu estudar tanto. Ele achava que eu não era um bom aluno! Chegou a dizer que ia falar com minha professora e pedir que desse menos atividades para mim no fim de semana para eu poder brincar mais com ele! O caso é que ele só me via estudando, dia e noite, todos os dias. Assim, inseri em meu cronograma um tempo para brincar com ele (que para ele era sempre muito pouco, sempre queria mais), o que me deixava tranquilo, pois sabia que não estava "perdendo tempo", mas sim conciliando meus estudos com o lazer e a atenção necessária para ele (ao menos parte dela).

Dito isso, em resumo, você tem que ter um bom local para poder, com disciplina, implementar adequadamente o que planejou.

6.4 – Fontes de leitura

Outro item que quero destacar refere-se às fontes de seu estudo.

Sem boas fontes, o caminho a ser percorrido tende a ser mais penoso e, eventualmente, não levar à aprovação.

Dentre as principais fontes, posso destacar professores, livros, caderno, *sites*, apostilas, amigos.

Antes de mais nada, ressalto que vivemos em uma sociedade de informação. E informação de todos os tipos, qualidade e procedência. Se não fizermos um filtro, acabamos por nos perder ante um mar de notícias.

Por isso, filtrar aquelas que nos interessam, e que sejam de fontes confiáveis, é de fundamental importância na preparação.

Não vou aqui listar o nome de professores, autores ou *sites* confiáveis. Isso você terá que pesquisar por conta própria, a depender do tipo de concurso que vai prestar, conversando com colegas que estão há mais tempo nessa batalha, assim como professores experientes. Mas posso deixar uma dica: os *sites* oficiais (planalto.gov.br, stf.jus.br, stj.jus.br) e aqueles comerciais que estão há mais tempo no ar tendem a ser confiáveis. Idem com relação aos autores e professores. Não digo com isso que um novato não o seja, mas se você não conhece nenhum, comece pelos mais antigos. Com o tempo você vai aprender a separar o joio do trigo.

Quando comecei a estudar, havia muito pouco no mercado especializado em concurso, praticamente nada. Hoje há tanta coisa e, infelizmente, tanta coisa ruim, que é essencial ter cuidado.

Como eu disse, uma boa saída é conversar com colegas que estudam há mais tempo ou mesmo que já foram aprovados. Para cada tipo de concurso há uma literatura própria, assim como para cada banca.

Para concursos mais simples, que normalmente exigem certa "decoreba" da legislação, é fundamental ler e reler mil vezes a lei. Para quem não é da área jurídica, os livros mais simples ou mesmo apostilas, em um primeiro momento, podem ajudar a entender melhor a legislação. Entendendo, apreende-se com mais facilidade do que uma mera "decoreba".

Mas tenha em mente que resumos e apostilas são ótimas ferramentas para o início da caminhada. Poucos são os concursos em que você conseguirá aprovação estudando tão somente através delas.

Na minha opinião, uma das melhores fontes de estudo é o seu caderno. Claro, aquele produzido por você em sala de aula, com base nas informações dadas por um professor especialista em concursos. Também tem que ser organizado e de agradável leitura.

Cito meu exemplo e considero essa uma das chaves para o meu sucesso nos concursos da magistratura.

Durante um ano, frequentei um bom curso teletransmitido. Ia a todas as aulas, inclusive Constitucional e Administrativo, que eram as disciplinas que eu lecionava à época, e o são até hoje. Como já disse antes, deixe a prepotência de lado (se "ela" estiver em você), seja humilde e não despreze aulas por achar que "já sabe tudo". Esse é um erro fatal, já comentei sobre isso.

Nesse ano, eu anotava tudo o que era dito em sala, com a velocidade e a falta de capricho próprias desse tipo de situação. As poucas aulas a que faltei foram copiadas de cadernos de colegas, ou seja, eu tinha todo o conteúdo ministrado devidamente anotado.

No ano seguinte, me propus a organizar tudo isso, "passando a limpo" as anotações.

Estudava pelo caderno original e, concomitantemente, copiava em outro quase tudo, deixando de lado informações que para mim já eram óbvias, ou seja, que eu já conhecia e não tinha dúvidas nem perigo de, com o tempo, esquecer.

O novo caderno foi escrito com bastante espaço, sem economizar folhas. Entre um parágrafo e outro sempre deixava duas linhas, e repetia isso no final da página.

Depois disso pronto, fotocopiei todas as páginas, deixando o verso da cópia em branco, e guardei os originais como se fossem um "tesouro".

Essas cópias mandei encadernar e fiquei com uma pilha de uns 40 ou 50 centímetros de altura de "apostilas" feitas por mim, lembrando que elas tinham apenas um lado da folha impresso e o verso em branco. Para você ter uma ideia, divididas por matérias, aquelas maiores tinham aproximadamente 110 páginas e as menores, menos de 30. Salvo engano, foram feitas perto de 20, de todas as matérias necessárias para o meu concurso!

A partir daí, era esse o material que eu levava para as aulas, já que fiquei ainda um bom tempo fazendo curso. Em tese, eu pretendia ler o material antes da aula, mas, confesso, fiz isso uma dúzia de vezes e só. Como a vida estava corrida, ia para a aula sem ter lido. Mesmo assim, como já havia estudado antes e frequentado o curso anterior, a nova vez foi muito proveitosa. E por um motivo simples: eu não precisava mais copiar a matéria, pois já estava no meu caderno. Cruzava os braços e prestava atenção ao que era dito, e anotava apenas uma ou outra coisa falada, em especial alguma relevante ainda não constante do meu material ou nova informação.

Além disso, sempre que eu estava estudando em casa e ficava sabendo de algo novo (uma nova lei, um julgado diferente), eu pegava o caderno e fazia essa anotação. Para tanto, as entrelinhas e o verso das páginas foram fundamentais. No final, essas minhas "apostilas" estavam repletas de comentários que fui inserindo nos anos seguintes!

E esse material todo eu devo ter lido em torno de 40 vezes. E acredite: mesmo depois de infinitas releituras, sempre havia algo lá escrito que eu não lembrava, que tinha a impressão de ser a primeira vez que lia!

Mas, por óbvio, a maioria das coisas que eu lia eu já sabia, o que tornava a leitura rápida, pois servia como mera revisão.

Para ler todas elas, eu levava aproximadamente uma semana, fazendo isso o dia todo, claro.

No início, fiz isso a cada dois ou três meses. No último ano, me limitava a ler apenas na semana anterior às provas e lia mais vezes apenas as matérias mais importantes e nas quais eu encontrava mais dificuldade.

Com os livros fiz algo semelhante. Seguramente li mais de uma centena deles. Mas perto de 85% deles li apenas uma vez, mas sempre grifando com caneta marca-texto os trechos mais importantes. No caso de uma releitura, eu me limitava aos trechos marcados.

Fiz isso com os 15% restantes, ou seja, elegi os livros mais importantes para mim, unindo qualidade nas informações e adaptação ao meu gosto de leitura. Digo isso, pois alguns livros têm conteúdo espetacular, mas você não consegue passar das primeiras páginas. Eu vivi isso com alguns autores. Assim que percebia isso, abandonava-os.

Esses poucos livros eu também li, grifei e reli várias vezes a parte destacada. Essa revisão é fundamental para a apreensão do conteúdo.

Antes que você cogite essa ideia, já adianto que esses livros foram doados para meus amigos concursandos logo após minha aprovação. Sobre as apostilas, a fila de pedidos de empréstimo é grande, mas, sinceramente, reputo inútil tirar cópia delas. Vários motivos: são manuscritos, repletos de siglas e sinais que só eu entendo; apesar de tudo, hoje já estão desatualizados; e estou convicto de que isso só funciona quando o próprio usuário escreve seu material, cada um com sua letra, sua forma de escrever, suas manias, seu estilo pessoal.

Prosseguindo, no caso específico de concursos jurídicos e outros de alto nível de exigência, há também a necessidade de estar por dentro das novidades advindas dos tribunais superiores. Além disso, se você pretende a magistratura, é relevante também saber alguns posicionamentos do Tribunal ao qual pretende ingressar. Além disso, se concorre a uma vaga para a AGU ou o TCU, por exemplo, também precisa conhecer o posicionamento desses órgãos. Isso tudo é parte integrante e indissociável do caminho rumo ao cargo público.

E pode ser uma boa ou má notícia.

Antigamente, pouco se cobrava de jurisprudência. Mas também era algo difícil de ter acesso. Ela apenas era disponibilizada em livros editados exclusivamente com esse conteúdo, normalmente meses após a decisão, e com acesso bastante restrito.

Hoje, ao contrário, qualquer um pode acessar o que o STF, por exemplo, está julgando neste instante.

Portanto, a informação hoje é infinitamente mais fácil de ser acessada. E bem por isso, é mais fácil também para o examinador. Como há uma profusão de concursos todos os anos, e com pouca alteração legislativa, para variar as questões, muitas bancas optam por cobrar posicionamentos dos Tribunais, esses sim fonte quase inesgotável de novidades.

Então não há saída. Você, que se prepara para esse tipo de concurso, inevitavelmente terá que se atualizar quanto a isso.

Mas a tarefa é relativamente simplificada com a ajuda da tecnologia. Praticamente todos os Tribunais têm informativos semanais de jurisprudência. Desse modo, basta se cadastrar no respectivo *site* e, mais importante que isso, fazer a leitura quando receber o informativo em seu *e-mail*.

Como eu lia os do STF e do STJ, tinha reservadas as manhãs de sexta-feira para essa atividade. Isso ocorre toda semana. Por esse motivo, você tem que ter isso previsto em seu cronograma. Em julho e janeiro, em razão do recesso, não há informativos. Boa oportunidade para rever os passados. Para tanto, eu ia destacando, com outra cor, as partes mais importantes para futura revisão.

Convém ressaltar que, para a maioria, essa é uma atividade pouco amigável, para não dizer chata mesmo!

Mas fundamental. Já vi provas com um quarto de seu conteúdo cobrando diretamente jurisprudência. Se isso não for relevante para você, tenha em mente que suas chances de aprovação nesse tipo de prova caem para próximo de zero.

Então, se é fundamental, acostume-se com essa leitura semanal. Com o tempo, ela não fica agradável, mas você se acostuma com a chatice! Pense que disso depende sua aprovação e vamos em frente.

Se o concurso cobra matérias que exigem cálculos matemáticos e não é possível usar máquina calculadora, obviamente (me parece) que você vai estudar em casa sem usar tal artifício. Assim, você chega à prova craque para resolver os exercícios. Mas claro que conheci alunos que estudavam com a calculadora do lado, com a justificativa de que sabiam fazer as contas e, no dia da prova, não teriam problemas. Adivinha? Claro que tiveram problemas. Sem prática, os cálculos ficam mais lentos e falta tempo para encerrar a prova.

E, se o concurso exige prova escrita, idem, deve-se treinar escrevendo com caneta e papel, e não no computador. O treino deve ser o mais realista possível, deve imitar o dia da avaliação.

Agregue-se a tudo isso a necessidade de se treinar com muitos exercícios de provas anteriores.

Passar num concurso sem nunca ter feito uma prova antes é para poucos.

Então, vamos dividir em duas situações desejáveis.

A primeira delas que considero importante é você se inscrever e ir fazer outros concursos que eventualmente apareçam durante sua preparação, ainda que você não tenha interesse em assumir aquele cargo específico.

Isso não é jogar dinheiro fora (com a taxa de inscrição, deslocamento etc.), mas sim investimento. Faz parte do treinamento.

É relevante que você percorra todas as fases do certame. Atente para o edital, faça a inscrição, pague a taxa, compareça ao local, no dia e hora marcados, faça a prova, preencha o gabarito, recorra e acompanhe os resultados.

Fazendo isso em um concurso para um cargo que não lhe interessa você estará treinando, com tranquilidade, para quando chegar o grande dia do concurso de seus sonhos.

Nada pior do que descobrir que, por exemplo, você não podia estar com relógio no dia da prova, ou que não podia preencher o gabarito com lápis. E se você não levou caneta? E se você nunca preencheu um gabarito e não consegue terminar dentro do tempo? Perder o concurso da sua vida por conta disso é lamentável.

Então deixe para que esses e outros problemas surjam fazendo uma prova-teste, sem valer de verdade.

Acredite, isso também é uma fonte de informações rumo ao seu cargo público.

Informações essas que são paralelas, claro, mas essenciais para o seu sucesso.

A outra situação desejável é a prática em casa, com provas passadas.

Na hipótese anterior, você vai treinar, além do conteúdo em si, também os demais aspectos do concurso e do dia da prova.

Nesta segunda, o treino se restringirá ao conteúdo. Eventualmente, e eu recomendo isso, você pode pegar uma prova anterior e simular uma prova em casa. Se ela foi aplicada das oito horas ao meio-dia, faça o mesmo em casa, resolva-a nesse horário, sem se distrair com nada. Depois levante sua pontuação, compare com os aprovados e avalie seu rendimento.

Outra forma de treinar é colher as questões separadas por matéria e ir resolvendo conforme for estudando. Claro que estudar um ponto específico e, logo em seguida, resolver os exercícios respectivos têm menos utilidade que se fizer isso com um intervalo entre essas atividades. Sugiro, a título exemplificativo, que você estude hoje um ponto e amanhã resolva os exercícios, aproveitando para rever os pontos que restaram duvidosos ou as questões que errou.

Atualmente, há uma quantidade variada de livros apenas com questões comentadas. Julgo essa uma importante ferramenta em sua preparação. Ali está posta uma série de questões, que devem ser recentes e agrupadas por assunto e banca examinadora, que em muito lhe ajudará nos estudos. É interessante, pois ali mesmo estão os comentários de cada uma delas, facilitando seu estudo, quando errar ou não entender alguma questão.

De outro lado, a internet tem uma infinidade de *sites* com provas passadas à disposição e gratuitamente.

Novamente, cuidado com a fonte. Em muitas delas, o gabarito é o provisório e é muito comum algumas questões serem anuladas ou terem sua resposta alterada. Assim, é importante ter acesso ao gabarito definitivo.

Por último, e ainda como fontes paralelas ou secundárias, mas essenciais, tenha em conta todas as exigências do certame.

Se ele prevê exame de digitação, direção de veículos, exercícios físicos, prova escrita ou oral, não deixe para se preparar depois de aprovado na primeira fase. A depender da situação e do tempo, pode não conseguir.

Se precisa fazer cinco barras, por exemplo, e nunca fez nenhuma, precisa começar o treino muito tempo antes, senão, apesar da aprovação na prova objetiva, pode reprovar na fase seguinte e todo o seu sacrifício terá sido em vão.

Portanto, a preparação para um concurso público deve ser integral, não deixe nenhum de seus múltiplos aspectos de lado e seu sucesso virá, aposte nisso!

6.5 – Motivação

Costumo dizer em minhas aulas e palestras que, em minha opinião, a parte mais difícil da preparação não é o estudo da matéria que será cobrada no concurso, mas sim manter-se motivado por um tempo suficiente para que você consiga ser aprovado. Essa, sim, é a tarefa mais difícil de todas.

É muito mais simples e fácil passar um feriado na praia, no clube ou no campo que ficar em casa estudando.

Então, como fazer para ficar em casa estudando e, acima de tudo, feliz e satisfeito com sua atividade?

Esse é o desafio. Se você conseguir superar essa barreira, suas chances aumentam exponencialmente.

Em geral, recomendo que tenha foco em seu objetivo. Sim, você quer passar em um bom concurso. Mas, além disso, mantenha o pensamento naquilo que você terá depois da aprovação. Um bom salário, estabilidade, uma vida confortável para a família, poder viajar nas férias, comprar uma casa nova, um carro novo, quem sabe até um marido ou esposa novos!

Esteja certo de que os momentos de incertezas, angústias e desânimo chegarão. E é nessas horas que você precisará estar firme com seus propósitos e lembrar o que o move, dos motivos que o levaram a optar por brigar por um cargo público.

Quando esse dia chegar, respire fundo, fique tranquilo. Se for o caso, vá dar uma volta no parque ou vá ao cinema. Relaxe e deixe o estudo para amanhã. Pense em tudo que você terá tão logo seja aprovado no concurso. Durma bem e, no dia seguinte, retome seu cronograma de estudos, com mais ânimo e fé na vitória!

Se possível, também conte com o apoio das pessoas que o cercam. Isso será importante nos momentos mais críticos.

Passei por isso inúmeras vezes. Perdi as contas das vezes em que me questionei se estava fazendo a coisa certa, se valia a pena ficar dois anos sem receber salário, só estudando e, ao final, talvez não ser aprovado. Mas meu sonho sempre foi maior que minhas dúvidas. Por isso, em cada uma dessas ocasiões eu me esforcei para pensar em meu futuro como juiz e não em meu presente como estudante. Afinal, essa fase ia passar e o cargo seria para sempre!

E assim foi. Faça você o mesmo. Mantenha-se motivado diariamente e, nos momentos de incertezas, descanse e redobre as energias para voltar ao estudo, ainda com mais vontade.

Recorde que, após a posse no cargo público, você terá o restante de seus dias para desfrutar de sua vida, com qualidade, tranquilidade, tempo e dinheiro.

Como sempre digo: "**em regra, há dois tipos de concursandos: os que desistem e os que passam. Cabe a você a escolha de que lado estará**". Você já decidiu passar. Então, vamos seguir nosso caminho!

CAPÍTULO VII

EU PASSEI, E DAÍ?

"Segui a 'receita de bolo', fiz tudo o que os mais experientes me orientaram, estudei, revisei, treinei e, finalmente, vi meu nome estampado no Diário Oficial como aprovado no concurso que eu tanto queria. E agora?"

E agora, parabéns! Você chegou aonde se propôs, mas a batalha ainda não está encerrada.

Ter seu nome publicado como aprovado não lhe dá direito ao cargo ou ao salário. Antes disso, é preciso que a Administração Pública, dentro do prazo previsto no edital e com discricionariedade, o nomeie, é dizer, o "convide" para trabalhar, obedecida a ordem de classificação e o interesse público.

Tudo bem, a jurisprudência atual é no sentido de que o aprovado em concurso público, dentro do número de vagas previsto no edital, tem direito ao cargo, ou seja, a Administração deve nomeá-lo. Mas isso ainda gera certa discussão e pode não acontecer. Se você passar por isso, somente lhe restará a via judicial para fazer valer seus direitos.

Mas se você é um feliz novo servidor público, nomeado e já em exercício, nunca se esqueça dos seus valores pessoais, e de todo o tortuoso caminho percorrido até seu momento atual.

Lembre-se de que você escolheu o caminho do serviço público e, exatamente por isso, sua principal atribuição, qualquer que seja o seu cargo, é servir ao público.

O cidadão que precisa de seu serviço não é um problema em sua vida, um incômodo. Ele é o destinatário final de todo o seu trabalho, ele é a razão de ser do seu cargo. Afinal, se não fossem as necessidades dele, seu cargo não existiria e você não teria essa atividade.

Mantenha uma conduta ética, proba, irretocável. A sua remuneração é suficiente para suas necessidades, por isso você optou por assumir esse cargo. Se não for, há três opções lícitas: i) peça exoneração e busque outro trabalho que o remunere melhor; ii) continue estudando em busca de uma posição mais confortável financeiramente; iii) acumule sua função pública com outra que seja licitamente autorizada.

Só não siga parte dos servidores que se dedicam a reclamar do trabalho e do valor que recebem, mas nada fazem para melhorar sua situação pessoal. Esse time (e sim, eles existem, aos montes) é de perdedores que vão reclamar sempre, qualquer que seja o valor depositado em suas contas. Afaste-se deles.

Enfim, você tanto estudou para ser aprovado e para ser feliz. Em verdade, é isso o que importa.

Seja feliz no cargo que você escolheu e, se não for possível, continue na busca da felicidade, estudando e fazendo outras provas, se esse for o caso.

Se estiver satisfeito, lembre-se das coisas que você teve que deixar de lado por conta dos estudos, retome-as. Dedique seu tempo livre a você, à família, aos amigos.

Repita-se: viva, seja feliz!

Parte III
OUTRAS DICAS

CAPÍTULO I

A FAMÍLIA

A família é a base de sustentação de toda pessoa, seu vínculo com o passado, seu apoio no presente e sua garantia de perpetuação para o futuro.

O caminho "concursal", como se viu, não é nada fácil.

Dessa maneira, é importante cercar-se de pessoas que o apoiem, compreendam e auxiliem.

Na pior das hipóteses, ao menos que não o atrapalhem.

Serão meses de estudo, concentração, euforia e decepções.

Se os familiares puderem ajudar, ótimo. Isso pode ser desde preparar sua comida e lavar sua roupa, até comprar livros e estudar junto com você. Podem ser também financiadores e incentivadores de seu sonho.

Mas se nada disso for possível, como já referi, ao menos que não atrapalhem. Que não sejam agentes desanimadores e pessimistas. Que não o interrompam todo o tempo, que não critiquem sua opção.

Isso nem sempre é fácil.

Em outro ponto já citei que, para quem não vive nesse mundo de concursos, nosso comportamento parece algo estranho, alienado, compulsivo. Quem vê de fora pensa, muitas vezes, que enlouquecemos, só estudando dia e noite, que estamos perdendo tempo e dinheiro, que nunca vamos passar.

Quantas vezes ouvi comentários do tipo: "ainda não passou?", "tanto tempo estudando e não passa nunca!", "isso não é para você!", "vá trabalhar e ganhar dinheiro, larga mão de só estudar!", e tantos outros que meus alunos e amigos já me relataram.

Os dois primeiros eu ouvi pessoalmente de uma ex-chefe. Menos de um mês depois do comentário infeliz, eu passei para Auditor. E agora, em dois concursos da magistratura. Ela tem tanta vergonha que sequer teve coragem de me cumprimentar quando me viu após a posse como Juiz Federal.

Fuja dessas pessoas com maus fluidos.

Claro que se são desse tipo os parentes próximos fica mais difícil.

Então, é fundamental que você tenha uma conversa em casa. Explique para as pessoas que o cercam um pouco sobre concursos.

Conte que é preciso estudar muito, a concorrência é grande, o conteúdo é extenso. Se for o caso, mostre que o edital demora a sair, que são muitas fases, que só faz uma fase se passar na anterior, que tem recursos, que é angustiante esperar pelo resultado, que as bancas nem sempre são justas e a gente reprova quando tinha direito de ser aprovado.

Mostre que isso tudo, além do estresse próprio dos estudos, gera também muita ansiedade e, às vezes, você estará triste, mal-humorado ou radiante com um resultado positivo.

Para quem não vive nesse nosso mundo, isso tudo parece uma maluquice e precisa ser explicado para ser compreendido.

Já ouvi inúmeros relatos de alunos que passam por essa dificuldade em casa. Em geral, após um diálogo franco e aberto, as coisas melhoram muito. Por vezes, ganha-se um aliado em casa. Se não, ao menos deixam de atrapalhar e isso já é uma grande conquista.

A pressão que nos impomos já é grande. Então, pode ser útil também pedir para que os familiares não fiquem o tempo todo perguntando "como foi?", "passou?", "está indo bem?". Se preferir, avise que, quando tiver vontade, você conta.

O apoio da família, ao final, vai se revelar muito importante. Aposte nisso.

CAPÍTULO II

OS AMIGOS

A vida do candidato, durante a preparação, se transforma em algo solitário, quase egoístico.

Assim que você começar a estudar com afinco, de segunda a segunda, terá a impressão de que nunca antes fora tão convidado para sair.

Parece que toda hora tem festas, baladas, jantares, cinemas, viagens, aniversários e casamentos.

E você invariavelmente recusando a maioria dos convites.

Fique tranquilo, com o tempo eles cessam ou reduzem muito.

Em geral, os amigos vão rotulá-lo de chato, antipático, bitolado.

A maioria das pessoas só quer a parte boa do sucesso. Também já ouvi muitos dizerem que eu trabalho pouco e ganho muito. Ou que tenho dinheiro de sobra para viajar nas férias. Esses normalmente marcam férias com o intuito de usar o dinheiro para pagar contas atrasadas.

Eu tiro férias para descansar, viajar, curtir, recarregar as baterias.

Como dizia, os invejosos querem estar em seu lugar no dia em que você passar, mas não querem ficar em casa domingos e feriados estudando. Querem o seu salário, mas não querem o seu sacrifício para chegar aonde chegou.

Saiba separar os amigos dos oportunistas.

Os amigos de verdade (e talvez sobrem dedos de uma mão para contá-los) estarão ao seu lado, entendendo sua recusa aos convites e o apoiando em sua caminhada.

Os demais vão ficar ironizando o tempo todo, mas, no fundo, morrendo de inveja de sua capacidade e determinação.

Na medida do possível, evite conviver com pessoas invejosas e pessimistas, elas só lhe trarão maus fluidos e sugarão sua energia.

Com o tempo, percebemos quem está em cada uma dessas posições.

CAPÍTULO III

A SAÚDE

Durante a preparação, não há somente o desgaste mental, mas também físico e psicológico.

Manter uma alimentação balanceada, atividade física e equilíbrio mental são tão importantes quanto estudar.

É durante o sono que, segundo a ciência, o conhecimento se fixa em nosso cérebro. Portanto, dormir o suficiente não é só recomendável, é essencial!

Da mesma forma, um breve descanso após o almoço também é relevante. Se, durante o estudo vespertino, o sono chegar, melhor descansar por alguns minutos (10 ou 20) e retomá-lo depois, com qualidade. Continuar estudando com sono redunda em menor absorção da matéria.

Eu, particularmente, nunca havia dormido durante a tarde. Nesses últimos anos de estudos intensos, passei a fazer isso quase que diariamente e indico para todos.

Depois de acordar, o cérebro está bem mais disposto a receber novas informações.

Por outro lado, assim que comecei a estudar o dia todo parei de fazer exercícios. Isso me fez falta para o bem-estar geral. Os exercícios diários são muito importantes para qualquer pessoa, especialmente em nosso caso, que passamos horas sentados e na mesma posição.

Então, mantenha uma atividade física diária de, ao menos, 30 minutos de duração. A disposição geral aumenta sobremaneira.

Se possível, não estude nos dias que antecedem a prova, especialmente se você só estuda. Claro, se você trabalha e sobra pouco tempo para estudar, uma semana sem fazê-lo pode ser crucial. Mas, mesmo assim, ao menos na véspera, descanse.

Eu não acreditava muito nisso. Estudava todo dia, inclusive no dia da prova. Prova à tarde e lá estava eu estudando durante a manhã.

O resultado era óbvio, mas eu não percebia: chegava à prova já com a mente cansada, raciocínio lento.

Até que um dia um grande mestre me disse para não estudar cinco dias antes da prova. Segui seu conselho e o resultado foi surpreendente. Foi na época da minha virada nos concursos, quando passei a ir bem na segunda fase de provas.

Nas provas seguintes, já nos concursos nos quais fui aprovado, repeti a estratégia, com sucesso. Para você ter uma ideia, eu fiz a segunda fase do TRF da 4.ª Região (sede em Porto Alegre) nos dias 13 a 15 de novembro de 2010. Sim, três dias de provas extenuantes. Na semana anterior, de 7 a 13 de novembro, foi o congresso organizado pelo sindicato nacional dos Auditores, em Florianópolis. Fui lá, participei do congresso e descansei, mesmo sabendo que no fim de semana seguinte seria o concurso da minha vida, precisamente aquele no qual eu queria ser aprovado. E fui! E ainda no dia 14, um domingo, foi casamento de um grande amigo meu e não deixei de ir. Por último, minha prova oral foi em uma quarta-feira, em Porto Alegre. Não pensei duas vezes: passei o fim de semana, de sexta a segunda, em Gramado, descansando e engordando.

Por último, reitero a importância de uma boa alimentação e de continuar a fazer os exames médicos rotineiros. Se você vai ficar o dia todo estudando, acostume-se a comer a cada três horas pequenas porções. Se está com fome, nada de comer chocolate, bolachas ou sanduíches. Troque isso por frutas. Tenha, por exemplo, uvas sempre prontas para comer. Enquanto estuda e tem fome, pegue uvas, coloque-as num recipiente ao lado de seu livro ou do computador, e vá comendo enquanto lê. Assim você se alimenta com qualidade.

Enfim, *mens sana in corpore sano.*

CAPÍTULO IV

O TEMPO

Uma das "desculpas" que mais escuto de meus alunos para não estudar ou estudar pouco é a falta de tempo.

Uns dizem que trabalham o dia todo, outros que moram longe ou têm filhos etc.

De outro lado, há aqueles desempregados que também reclamam da falta de dinheiro, da necessidade premente de logo ser aprovado em um concurso, da pressão da família e das contas vencidas.

Ora, cada um tem seus problemas e cada um tem de superá-los se quiser vencer na vida.

Não use os seus como uma muleta para não estudar ou para justificar seu fracasso.

Tanto aquele que trabalha o dia todo e sobra pouco tempo para estudar como o outro desempregado e que tem o dia todo para tanto têm reclamações, mas ambos também têm facilidades.

Foque nas suas virtudes e nas coisas boas de seu dia, e invista nelas.

Se está sem trabalhar, alegre-se, estude o dia todo, com afinco e dedicação.

Se trabalha, estude tranquilo durante o pouco tempo que lhe resta do dia, pois sabe que receber seu salário não depende da aprovação urgente em concurso, e pode se preparar com mais calma.

Além disso, como diz Roberto Shinyashiki, "o sucesso é construído à noite!"

Ninguém é aprovado em um bom concurso público vendo novelas, passando o fim de semana na praia ou no clube.

Sim, você vai ter que se dedicar em todos seus momentos livres.

Feriado, para mim, sempre foi motivo de alegria, pois era um dia no qual eu podia estudar mais! Para outros, alegria, pois podiam viajar ou dormir mais. Cada um tem suas prioridades.

E saiba que mais de 80%, em geral, dos aprovados em concurso trabalham durante sua preparação.

Se somente lhe resta uma hora por dia, faça essa uma hora render. Conheço alguns que acordavam cinco horas da manhã para estudar até as sete, antes de ir trabalhar. Outros que chegavam em casa depois do curso, perto das 11 da noite, e ficavam até uma ou duas da madrugada estudando. Hoje são servidores ocupantes de cargos com altas remunerações.

Também já tive uma aluna, mãe solteira, que às vezes levava a filha recém-nascida para a aula, pois não tinha com quem deixá-la. Com esforço e dedicação, também conseguiu sua aprovação.

Para o concurso da Receita, eu também estudei enquanto trabalhava. A situação foi diferente na preparação para a magistratura. Nesta, além de trabalhar durante todo o dia, também era proprietário de um cursinho para concursos, dava aulas todos os finais de semana, e acumulava ainda a carreira editorial, como autor e coordenador. Além de tudo isso, frequentava diariamente o cursinho, como aluno. Evidentemente que, na minha situação particular, eu teria que abrir mão de algumas coisas, senão nunca seria aprovado, ou talvez demorasse muito. E, com organização, e como isso me era possível, fiz e passei.

Claro que a maioria das pessoas não pode dispensar o salário como eu fiz, e ninguém deve abrir mão da família, é óbvio. Mas pode compatibilizar isso tudo e estudar com qualidade o pouco tempo que lhe resta, especialmente aproveitando os fins de semana e feriados. Estes são essenciais em sua preparação.

E para aqueles que têm o dia todo, recomendo, inicialmente, uma boa preparação psicológica. Estudar muito durante muito tempo é desgastante.

Então, ao lado de uma atividade física diária e da boa alimentação, procure variar a sua rotina. Evite passar longas horas somente lendo um livro ou na tela do computador. Intercale isso com exercícios, com a leitura do caderno, das notícias de interesse para sua prova, com o treino de redação, se for cobrada em seu concurso etc. Assim as horas passam com mais tranquilidade e qualidade.

Em resumo, compreenda que todos temos nossos problemas e limitações. Pensar somente neles e usá-los como discurso de um fracassado não o levará à aprovação. Analise os seus e os resolva. Feito isto, pense apenas nas vantagens que sua situação peculiar lhe proporciona, e siga em frente, até a vitória.

CAPÍTULO V

VOCÊ

Você é a única pessoa que pode levá-lo à aprovação ou ao fracasso.

O concurso público é a via mais democrática de acesso a um trabalho (bem) remunerado.

Recorde-se como isso se dá na iniciativa privada.

O patrão define as regras, o salário, o horário e a forma de trabalho, até quando você poderá gozar as férias.

O processo seletivo é notadamente pessoal: depois de várias fases, muitas vezes humilhantes, você pode até ter o melhor perfil, o currículo com mais qualidade, e ainda assim o empregador optar pelo filho do amigo.

E, ainda que consiga passar por essa peneira altamente subjetiva, o empregado pode ser dispensado na primeira crise pela qual o mercado venha a sofrer.

No setor público, nada disso acontece.

É nomeado aquele que melhor se sair durante o processo seletivo, independentemente de seu sobrenome ou de indicações. Naturalmente que estamos falando em cargo efetivo e não em cargo em comissão, de livre nomeação e exoneração.

A prova é a mesma para todos os que quiserem participar. O que será cobrado nessa avaliação é de conhecimento de todos, por meio do edital do concurso. Sair-se bem ou não nessa prova só depende, então, de você e de mais ninguém.

Todo começo de mês seu salário estará lá, em sua conta, à sua disposição, exista ou não crise (ao menos na esfera federal, na qual já estou há mais de 20 anos, sem nunca ter tido atraso no pagamento). Depois de adquirir a estabilidade, você pode ir dormir tranquilo, pois o seu cargo estará lá, esperando-o, sem o perigo comum da iniciativa privada de ser dispensado da noite para o dia.

Mantenha o pensamento positivo, foco em seu objetivo final e fé em Deus, como quer que você o conceba. Coloque nas mãos Dele seu futuro, e Ele saberá o melhor momento para sua aprovação. Ressalto: você passará não quando você quiser, mas sim quando você estiver pronto para isso. Acredite em Deus e você não se arrependerá.

Mas reze, como se tudo dependesse de Deus; estude, como se tudo dependesse de você.

Como um dia escreveu o saudoso Mario Quintana, "não existe vitória sem humildade e paz".

Então, para finalizar, se sua aprovação depende essencialmente de você, o que está esperando? Quer ser servidor público? Se a resposta for sim, aos estudos!

Sucesso sempre! Seja feliz!

Parte IV
ANEXOS

CAPÍTULO I

DISCURSO DE POSSE (LEANDRO CADENAS PRADO)

Exmo. Sr. Desembargador Federal Vilson Darós, Presidente do Tribunal Regional Federal da 4.ª Região, na pessoa de quem peço vênia para saudar todas as autoridades presentes e já nominadas; amada Margarita Aquilina Cadenas, minha mãe, na pessoa de quem saúdo a todos os familiares, amigos e presentes.

Era verão de 1993. Tinha completado recentemente 20 anos de idade e caminhava, ainda com bermudas e tênis, pelo centro de Curitiba. Ao passar em frente a uma agência dos Correios vi um cartaz divulgando o concurso para os cargos de Técnico, Atendente e Auxiliar do Tribunal Regional Federal da 4.ª Região.

Nessa ocasião, eu sequer sabia o que era um TRF, ou a diferença entre STF e STJ. Lembro-me, aliás, de ter decorado, para o concurso, a diferença entre carta precatória e carta rogatória! Mesmo assim, fiz a inscrição e resolvi estudar até a data da prova. Fui aprovado e comecei a trabalhar como Atendente, cargo que hoje foi renomeado para Técnico Judiciário. Minha lotação inicial foi na 1.ª vara de execuções fiscais, cujo titular era o hoje Des. Fed. Néfi Cordeiro[1], sendo que o Diretor de Secretaria era o Dr. Marcos Hideo Hamasaki, hoje Juiz Federal e Diretor do Foro da Subseção Judiciária de Joinville. Naquela ocasião, o Diretor do Foro da Seção Judiciária do PR era o Des. Fed. Tadaaqui Hirose[2], presidente da comissão deste concurso.

Foi um ótimo período da minha vida. Aí comecei a entender o que era a JF e a tomar gosto pelo Direito. Em 1997, me formei em Engenharia Elétrica e, em 2000, fui aprovado no concurso para Auditor Fiscal da Receita Federal, cargo ocupado até ontem.

Na despedida do cargo de técni,co, lembro-me também de ter comentado com os colegas que eu iria para a Receita, mas voltaria à JF ocupando o cargo de juiz! Como havia gostado muito da atividade, decidi, já naquela ocasião, investir meu tempo e meus estudos na realização desse sonho.

E assim foi. Na mesma semana da posse como Auditor, pesquisei dentre as faculdades da localidade aquela onde poderia cursar Direito e iniciei o curso no mês seguinte.

Longos anos se passaram e, após uma centena de livros lidos, dezenas de canetas consumidas e milhares de páginas escritas, aqui estou, finalmente, realizando o sonho da magistratura!

---

1 Hoje Ministro do Superior Tribunal de Justiça.

2 Hoje Presidente do Tribunal Regional Federal da 4.ª Região.

Importante ressaltar que hoje já sei o que é um TRF e também a diferença entre STF, STJ, carta precatória e carta rogatória!

Não tenho dúvidas de que essa minha história, em muitos aspectos, se assemelha à dos colegas que hoje tomam posse neste que é um dos cargos mais importantes da República, o que faz avultar nossa responsabilidade a partir de agora.

O Poder Judiciário já não é mais um mero espectador relegado a segundo plano. No passado, tanto o Legislativo quanto o Executivo já estiveram em posição de destaque.

Hodiernamente, penso que esse posto cabe ao Judiciário, com o óbvio respeito que os demais Poderes merecem em um Estado de Direito.

O constitucionalismo, a judicialização de políticas públicas, a garantia da dignidade humana e do bem-estar social, o efeito vinculante das decisões da Suprema Corte, o constante crescimento da busca por soluções judiciais, mormente após o advento dos juizados especiais, bem demonstram tal grau de relevância.

E nesse ponto o papel do magistrado é crucial. Não detemos, e hoje já posso me incluir como tal, legitimação popular, já que não somos eleitos. O magistrado, em regra, ascende ao cargo através do concurso público, em um sistema tipicamente meritocrático. Isso busca dar a isenção necessária para bem cumprir nossa tarefa, pacificando conflitos à luz da Constituição Federal.

Ante a diretriz do amplo acesso ao Judiciário albergada pela atual Carta Magna, como se disse, o volume de demandas vem crescendo exponencialmente, restando quase inviabilizada a tarefa do antigo juiz, face à quantidade assombrosa de feitos.

O Judiciário em muito tem evoluído, tanto sob o aspecto legislativo quanto pessoal e administrativo.

Citem-se inovações como as súmulas vinculantes, a abstrativização do controle difuso de constitucionalidade, a exigência de repercussão geral nos recursos extraordinários, as regras dos recursos repetitivos, das ações coletivas e causas multitudinárias.

Agregue-se a isso o nascimento do processo eletrônico, realidade que faz deste egrégio TRF exemplo nacional.

Não se pode olvidar da recente criação de centenas de novas varas federais, algumas das quais geraram vagas ora preenchidas. Um dos objetivos foi o de levar para o interior a JF, fato que também destaca este TRF no cenário pátrio, já que a excelência das administrações que aqui se sucederam é facilmente percebida observando-se a interiorização na Região.

Ademais, também importa lembrar a relevância da justiça itinerante e das turmas descentralizadas dos Tribunais, conforme previsto pela EC 45 de 2004.

Neste contexto, 20 novos juízes hoje são empossados. O desafio de chegar até aqui foi grande. Contudo, a partir de hoje, os novos desafios serão ainda maiores e diferentes, no dia a dia da judicatura. Até ontem a relevância era pessoal. A partir de hoje, social!

Além do conhecimento técnico, exige-se do novo juiz uma postura humana, paciente, tranquila e, ao mesmo tempo, segura e firme.

Acrescento que o novo juiz também deve ser um bom administrador. Não lidaremos apenas com leis e processos frios e sem rosto, mas também com pessoas e suas histórias.

Igualmente teremos que administrar estoque de processos, prazos, estatísticas. Buscar formas de dar maior eficiência ao nosso trabalho, e também tornar mais frutífero e produtivo o ambiente interpessoal e seus múltiplos relacionamentos.

Enfim, são muitos os desafios. Mas estou certo de que dispomos de todo instrumental para superá-los e, acima de tudo, e afirmo isso com convicção, em nome de todos, dispomos do desejo íntimo de poder distribuir a verdadeira Justiça a quantos dela necessitem.

Por fim, gostaria de fazer alguns agradecimentos:

Primeiramente a Deus, como quer que cada um dos senhores o conceba, pelo dom da vida.

À Presidência deste egrégio TRF e à banca do concurso, tão bem conduzido, sempre se mostrando respeitosa, profissional e isenta em todas as suas fases.

Aos familiares e amigos que, cada qual à sua maneira, incentivaram, auxiliaram ou simplesmente torceram pela nossa aprovação. Nosso sucesso é também de vocês, obrigado!

Que Deus nos abençoe.

CAPÍTULO II

TRABALHE SEU SONHO! (ROBERTO SHINYASHIKI)

No começo, seu sonho vai parecer impossível. Trabalhe nele mesmo assim e ele mudará de impossível para improvável. Começa a surgir um breve fio de esperança.

Mesmo assim, embora exista a possibilidade, embora talvez possa acontecer, provavelmente não vai. Trabalhe nele mesmo assim.

Continue trabalhando para realizar seu sonho e, em breve, você verá que ele provavelmente vai acontecer. Seus esforços conseguem elevar seu sonho de categoria: era impossível, agora é provável. Você começa a sentir que está chegando lá – mas não é hora de parar. Trabalhe nele mesmo assim.

Aí seu mundo desaba. A vida joga na sua frente uma curva inesperada. Tudo parece dar errado. De repente, seu sonho não vai mais acontecer. Trabalhe nele mesmo assim.

Procure maneiras diferentes de realizá-lo. Você investiu demais para desistir sem lutar.

Trabalhe nele e você encontrará uma maneira de recuperar seu sonho perdido. Os obstáculos, que pareciam incontornáveis, eram, na verdade, apenas os últimos degraus na escada de seu sucesso. Você finalmente consegue chegar lá – você realizou seu sonho, sua vida é uma maravilha. Continue trabalhando mesmo assim. Esta é a sua chance de chegar ainda mais alto. Não conheço ninguém que conseguiu realizar seu sonho sem sacrificar feriados.

Da mesma forma, se você quiser construir uma relação amiga com seus filhos, irmãos, pais, terá que se dedicar a isso, superar o cansaço, arrumar tempo para ficar com eles, deixar de lado o orgulho e o comodismo.

Se quiser um casamento gratificante, terá que investir tempo, energia e sentimentos nesse objetivo, pois, do contrário, acabará perdendo seu grande amor.

O sucesso é construído à noite! Durante o dia, você faz o que todos fazem. Mas, para obter um resultado diferente da maioria, você tem que ser especial.

Terá de estudar no horário em que os outros estão tomando chope.

Terá de planejar, enquanto os outros permanecem à frente da televisão.

Terá de trabalhar, enquanto os outros tomam sol à beira da piscina.

A realização de um sonho depende de dedicação!

CAPÍTULO III

MAIS UMA VEZ
(RENATO RUSSO)

Nunca deixe que lhe digam que não vale a pena
Acreditar no sonho que se tem
Ou que seus planos nunca vão dar certo
Ou que você nunca vai ser alguém
Tem gente que machuca os outros
Tem gente que não sabe amar
Mas eu sei que um dia a gente aprende
Se você quiser alguém em quem confiar
Confie em si mesmo
Quem acredita sempre alcança!

CAPÍTULO IV

CONCURSANDO OU CONCURSEIRO?

O texto abaixo é bastante conhecido no mundo "concursal". Não consegui apurar com certeza a autoria, mas, ao que parece, é do professor Ernani Pimentel.

Assim, dou-lhe os créditos, mesmo sem tal certeza.

Vamos ao texto:

> Estas duas palavras, concursando e concurseiro, têm sido usadas indiferentemente, mas a rigor têm significados distintos, porque a escolha do sufixo influi semanticamente na palavra derivada. Lembre-se de que semântica é o estudo dos significados.
>
> O sufixo **eiro**, além de outros valores semânticos, é usado para designar profissão, como nos vocábulos **barbeiro**, **pedreiro**, **sapateiro**, **costureiro**...
>
> A terminação **ndo**, formadora do gerúndio, traz uma ideia de processo ou estágio momentâneo, temporários, não definitivos. **Educando** significa quem está em processo de educação, **vestibulando** é quem se prepara para passar no vestibular, e

ambos os substantivos, por derivados do gerúndio, designam uma fase, um período transitório na vida do cidadão, como **formando** e **doutorando**.

Um artigo interessante foi publicado na revista *Veja*, em dezembro de 2007, de autoria de Stephen Kanitz, dizendo que nos deveríamos chamar brasilianos e não brasileiros, com base nesse mesmo raciocínio, e o autor está absolutamente correto porque, no início de nossa colonização, brasileiro era a profissão de quem extraía, transportava, industrializava ou comercializava o então novo e valioso produto conhecido pelo nome de pau-brasil.

Se alguém escolhe como profissão preparar-se para concurso(s), deve chamar a si mesmo de concurseiro, mas se decide que se preparar para concurso(s) é apenas uma fase de sua vida e deseja que ela seja curta, deve intitular-se concursando.

Nem sempre a escolha do nome determina o destino do nomeado – eu mesmo tive um amigo de escola chamado Hércules que era o mais raquítico dentre todos os colegas de todas as turmas. Contudo, vem sendo muito divulgado pela neurolinguística que escolher e pronunciar com frequência palavras positivas e alegres constitui-se num fator importante para a vida se tornar melhor, ou a sorte se mostrar mais benfazeja.

E você? Agora, como se batiza? Concursando(a) ou concurseiro(a)?

CAPÍTULO V

PARA REFLETIR

Difícil é para todo mundo. Muitos desistem pelo caminho. Os que não desistem, passam. (Leandro Cadenas Prado)

A diferença entre o sonho e a realidade é a quantidade certa de tempo e trabalho. (William Douglas)

Não estude apenas para passar, mas sim até passar. (William Douglas)

Quem passa aproveita a vaga daquele que desistiu. (Fernando Capez)

Comece fazendo o que é necessário, depois o que é possível e, de repente, você estará fazendo o impossível. (São Francisco de Assis)

EDITORA
MÉTODO
www.editorametodo.com.br
metodo@grupogen.com.br

10 1 2 3 4 5 6 7 8 9
2014

Impressão e Acabamento:
Geográfica
editora

Cód.: 614338